艺术的童年

l'enfance de l'Art

［法］艾姿碧塔／著
梅思繁／译

GUANGXI NORMAL UNIVERSITY PRESS
广西师范大学出版社
·桂林·

艺术的童年

Yishu De Tongnian

出版统筹：伍丽云
质量总监：孙才真
策划编辑：柳 漾
责任编辑：方 婧
助理编辑：段周薇
责任营销：冯彦中
责任美编：赵英凯
责任技编：马萁键

图书在版编目（CIP）数据

艺术的童年 /（法）艾姿碧塔著；梅思繁译. --
桂林：广西师范大学出版社，2023.5
（魔法象. 阅读学园）
ISBN 978-7-5598-5645-6

Ⅰ. ①艺… Ⅱ. ①艾… ②梅… Ⅲ. ①儿童文学－回忆录－法国－现代 Ⅳ. ①I565.859

中国版本图书馆 CIP 数据核字（2022）第 219342 号

广西师范大学出版社出版发行
（广西桂林市五里店路 9 号 邮政编码：541004
网址：http://www.bbtpress.com）
出版人：黄轩庄
全国新华书店经销
北京博海升彩色印刷有限公司印刷
（北京市通州区中关村科技园通州园金桥科技产业基地环宇路 6 号 邮政编码：100076）
开本：787 mm × 1 400 mm 1/24
印张：10.75 字数：190 千
2023 年 5 月第 1 版 2023 年 5 月第 1 次印刷
定价：98. 80 元

在创作童年中拥抱童年

梅思繁

艾姿碧塔 1936 年出生在波兰中北部的一个小村庄里，她的父亲是波兰人，母亲是法国人。1939 年波兰陷入战火，父亲随后又在战场上壮烈牺牲，艾姿碧塔不得不背井离乡，逃到法国阿尔萨斯，寄居在教母家。没多久，温柔平静的阿尔萨斯在二战中全面沦陷，刚刚学会阿尔萨斯语的艾姿碧塔再次背起行囊，前往英国的女子寄宿学校生活。

艾姿碧塔的童年生活就是在波兰—法国—英国的流亡中，在一门又一门陌生语言的转换中，在一次次与昔日家园的告别中度过的。她十几岁时回到法国巴黎，过着从早到晚烫洗衣服的童工生活。然而就是在那时，艾姿碧塔定下了她人生的目标：成为艺术家。

这个在战火纷飞、动荡流离和物质匮乏的环境中长大的女孩，在很小的时候就表现出了对艺术、美和图像的敏锐感受与由衷喜爱。阿尔萨斯教母家中那几本珍贵罕见的食谱书上的简单图画、英国寄宿学校里的宗教画、母亲穿的时髦西装裤，都是她的美育启蒙。在巴黎定居以后，她自学走上了绘画之路。1972 年，她出版了第一本图画书《小扫帚历险记》。从此，用图画与文字结合的方式为儿童讲故事，变成了她的艺术生涯中非常重要的表达方式。她创作出版了六十多册图画书，先后两次荣获法国女巫奖，两次提名林格伦纪念奖。一个并未接受过科班艺术教育的创作者，用她灵动跳跃的画笔，捕捉了无数小读者的心。不仅如此，她还给欧洲图画书界留下了一部珍贵又特别的理论著作——《艺术的童年》。

《艺术的童年》是一位艺术家、图画书创作者用极为个人化，而非理论化、学院派的方式，讲述其图画书创作生涯方方面面的一部作品。她的灵感来源、绘画技巧，她对图文关系的思考，以及童年对创作的影响等，艾姿碧塔都以一种温和又谦卑的方式，在这本书中与读者分享。作者的叙述虽然包含了一本图画书创作过程中的各种技术层面的要素，但是她的讲述方式始终是艺术的，饱含个人情感的。读者体会更多的，将是生命、时间与社会等外在因素将以何种方式影响一个艺术家的成长与养成。

《艺术的童年》又是一位资深童书创作者对童年的深情描摹，表达了她对儿童这一"神秘"群体的解读与理解。对艾姿碧塔来说，儿童是天才。他们是人类世界里最神秘的存在，更是人类的希望与力量之源。而成年人需要认真地静下心来，仔细观察这些天才生命。因为只有读懂了童年的特别，才能真正地呵护这一群体的特殊力量。只有保存了他们的生命力与创造力，才能给予儿童属于他们的合适位置。捧起这本书的大人，将会在这本书里，找到走入孩子心灵世界的那把隐秘钥匙。

《艺术的童年》更是一个从未丧失过童心的成年人对童年时光的追随、怀念与拥抱。也许，创作每个精彩的故事，描画每只可爱的小老鼠，书写每段悦耳的童谣时，艾姿碧塔用艺术创造了一个理想的童年。相比她颠沛流离的真实童年，这是一个更欢乐、更透明、更无忧无虑的幻想世界。她在这个幻想世界里与流逝的真实童年重逢了。捧起这本书的每一个大人，也许也会在艾姿碧塔的图文世界里，拾起遗忘的童年感觉与丢失的童年欢笑。

《艺术的童年》最早出版于 1997 年，至今依然被视为法国童书界的一部典藏作品。它绝不仅仅是一本关于图画书创作理论的作品，它更多的是关于艺术与童年的关系，关于童年在生命中的重要性，关于成年人对童年的理解。它谦和地、温柔地引领着所有的成年人走入童年，读懂童年，拥抱童年。

天真与经验之歌

周英（广西师范大学教育学部教师、儿童文学博士）

2006年春天，我读到了安徽教育出版社出版的《艺术的童年》。当时我正在攻读儿童文学硕士学位，一下子就被艾姿碧塔在开篇提出的一个观点所吸引。她认为，从构思的角度，童书作者大致可分为“父亲视角”“母亲视角”和“儿童视角”。采取“母亲视角”的作者关注具象认知，注重引导孩子认识周遭环境；选取“父亲视角”的作者关注抽象认知，注重展示家庭以外的广阔世界。而拥有“儿童视角”的作者，与前两者的区别在于其开放性，这类作者更注重给孩子们提供探索、体验世界的方法，扩大思辨、想象以及情感天地，同时让孩子在阅读中学会自我控制。我觉得这个观点新奇有趣，兴致勃勃地循着这样的视野去“检阅”当时正在阅读的儿童文学作品，仿佛更清晰地看到了儿童文学世界中的奇妙风景。

这样令人耳目一新的观点在《艺术的童年》中并不鲜见。正如艾姿碧塔自己所说，她是一位拥有“儿童视角”的作者，因此书中处处流露着她对童年的敏锐感觉和完好记忆。美国儿童文学研究者艾莉森·卢里说：“一些颇有天赋的儿童文学作家似乎总是与众不同。实际上，从某种意义上来说他们自己就是孩子。”这些作家更喜欢和孩子们待在一起，谙熟儿童的游戏，有着孩童般的想象力。而拥有深刻的童年记忆，似乎是杰出的童书创作者共有的特质——他们仿佛有一种特殊的途径与自己的童年保持着联系，手中似乎握着一张能够任意往返“永无乡”的票券，只要他们愿意，就能随时像彼得·潘那样自由自在地飞上一圈。

艾姿碧塔正是如此。尽管她的童年在战争的背景下是如此颠沛流离，被迫背负着“东拼西凑”的“文化行李”，在不同语言、不同文化中穿梭前行。在这段成长之路中，童年的天真与一路上收获的斑斑驳驳、光怪陆离的经验共同沉淀在艺术家的心底，为她日后的创作打上了多元文化的符码。而写这本书时的艾姿碧塔，早已将过往的经历在时间的流水中浣洗成了亮晶晶的回忆。她闲庭信步般在艺术和童年的国度中游走，诚实地记下自己的所见所闻、所思所想。

很多人认为《艺术的童年》是一本图画书创作的参考书，但只要你翻开这本书就知道，艾姿碧塔在书中所论及之事并不仅于此，她用散文的写作方式，将自己充满灵光的见解娓娓道来——关于童年，关于战争，关于艺术创作，关于对童书翻译和出版、儿童教育、儿童文化等现象的见解和反思，观点不乏独到之处。比如她对主流儿童观的批判，对童书创作者创作理念的反思，对翻译者浮皮潦草的态度的痛心，都犀利而准确，殷切而真诚。这些观点基于她对儿童、对童年的理解和尊重。她认为儿童的感受并非无足轻重，儿童有独特的、丰富的、包容的审美趣味，他们喜欢思考，神思敏捷，且能够与艺术家心有灵犀地交流。因此，儿童有权利被成人平等、认真地对待，为儿童提供的读物必须是美好的、不重复的、真正的艺术品。艺术家不应去表达那些司空见惯、习以为常的东西，而是要“尽情地玩耍，带着成年人的成熟和睿智，放开手脚地玩起来。只有这样，我们才能带给孩子一些他们暂时无法获得的东西。”而“开启一场游戏，意味着开启一个体系，每一个体系都是自有逻辑的。”创作者决不能故作幼稚、敷衍了事，而是应该以简约素朴的方式，郑重地谱写交织着天真与经验的心曲。

在《艺术的童年》中，我们能够看到艾姿碧塔创作理念的体现。而对于能够用画笔自如地描绘世界的艺术家来说，书中自然少不了大量的插图——

它们来自艾姿碧塔的创作或收藏，也有与文字有关的他人的作品。这些画面有的精简到寥寥几笔，有的则材料丰富、视角独特、构思清奇。它们与文字相互生发，让人窥探到另一种符码中的美妙天地。这些画面，我十多年前阅读《艺术的童年》时就印象深刻，有一些细节至今记忆犹新。

多年之后，《艺术的童年》第一版已遍寻无踪，而艾姿碧塔曾在我心中奏响的琴音仍绕梁不绝。机缘巧合之下，我把这本书推荐给了广西师范大学出版社魔法象童书馆，如今得以出版，不禁期待能够有更多读者拥有属于自己的纸间奇遇，听到艾姿碧塔信笔书写的天真与经验之歌——它不仅能让我们更加了解童年、了解童书，或许也能让已经长大成人的我们认出心底的那个孩子，在匆匆而逝的日子中重新拥有轻盈柔和的生命质地。

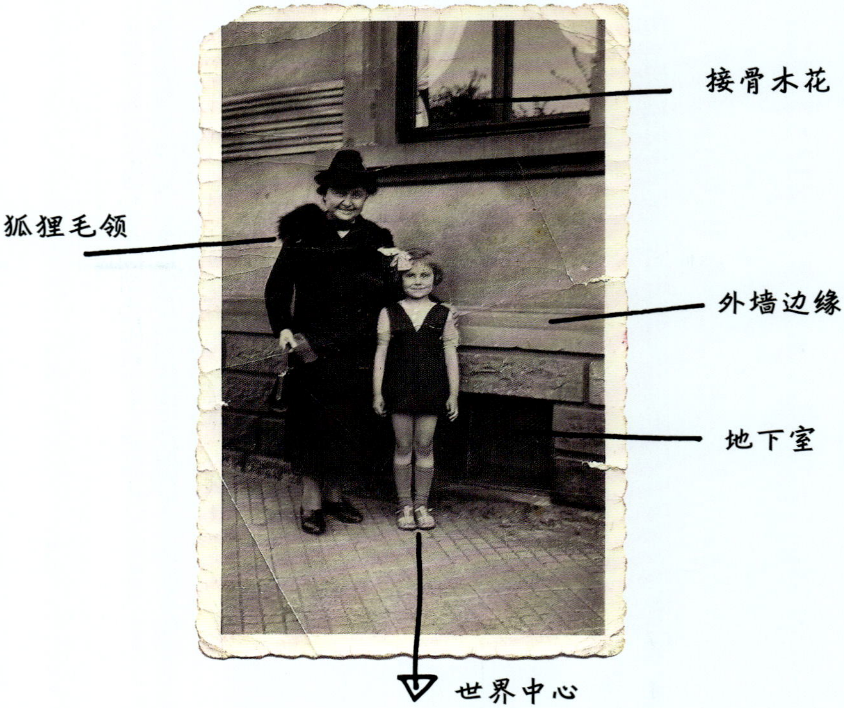

在这里，我将首次揭开这张照片里的秘密。照片上的我笔直地站在教母旁边，我脚下就是世界中心。它位于阿尔萨斯大区米卢斯市巴登艾姆街 16 号。（艾姿碧塔收藏）

右图：我童年的三位老仙女。（艾姿碧塔收藏）

她们是仙女

“

那时候，米卢斯有很多年长的女士。她们通常戴着帽子，有的大衣上还有狐狸毛领。那些既戴帽子又穿狐狸毛领的仙女通常是魔法最强大的，比如对页照片里我的教母。在这位举足轻重的仙女教母身边长大，我是很幸运的。

照片上方的窗台上，花盆里的接骨木花在风中摇曳着，映照在玻璃上。而且，它们也在诺德菲尔小学周围疯长。那一年，我开始上学，有了第一本识字课本，课本是借来的。我身后是地下室的窗户，晚上敌军轰炸的时候我们就躲在里面。与我肩膀齐高的外墙边缘，则是我翻窗出入的必经之地。

夜晚时分，我坐在教母的膝盖上，看着余晖在夜色里变换着颜色。教母给我讲着故事，用一种我早已遗忘的语言唱着歌。

”

对页图：铅笔画广告草图。（艾姿碧塔绘制）

Le milieu du Monde

世界中心

孩子和艺术家住在同一个国度。那个地方没有国界，变幻莫测。在那儿，词语此起彼伏地冒出来，可以任意组合、拆分；在那儿，猫咪留下了它们神秘的微笑，化作挂在树梢的一弯新月；在那儿，所有东西都忘记了自己原来的面貌，变换了用途，添上了阴影，然后重新分裂，形成新的形状。倒影、薄雾与光线有如矿石一般稳定，内容与形式互换位置。总之，在这个国度里，一切都可以再融合、再分解，一切也自有道理，引人深思。

在这个国度里行走多年，我就像那些游走于世界各地的旅人，自然而然地遇到一些志趣相投的孩子，我们交换着彼此的经验和想法。我为孩子们创作的故事书和图画书，包括造型艺术作品，就是在这样的环境中产生的。

时光如水，不舍昼夜，既不会停止，也不会倒流。我们不可能一开始就作为大人而存在，长大之前我们无一例外都首先是个孩子。为什么我们会忘记这个显而易见的事实呢？

小时候，我们幻想着成年人拥有的特权，迫不及待地想要变成他们。在长大的过程中，很多人头也不回，毫无留恋地抛弃了儿童观看世界的逻辑和方法。而且，我们还体验到了因变化而带来的满足感，以为自己获得了那些梦寐以求的大人特权。

右图："母亲负责唤醒某种东西……父亲则负责教某种抽象的东西。"尼古拉·布维耶[1]在《道路与失败》中写道。油画是尼古拉·纳沙泰勒[2]的作品《让·诺多菲尔和他的儿子》，创作于 1561 年。（法国里尔美术馆收藏）

对页图：《拉莉鼠和卡迪猫》（*Larirette & Catimini*）插图，展现了卢森堡公园的景色。在为成人创作的作品里，我常常使用一些复杂的绘画技巧。后来，我决定把这些技巧也运用在童书创作中。就这样，我踏上了图画书创作之路。

有时候，机缘巧合促成了怀疑的悄然萌发，有些孩子会问：真的有必要不假思索地抛弃属于自己的武器，向着长大成人这个欲望飞奔而去吗？我也曾经有过类似的疑问。我发现，有些成年人一点儿都不值得信赖，看起来也很不幸福。他们不惜斩断与童年的一切关联，以近乎残忍的盲目来对待孩子。幸运的是，也就是在这个满是疑惑的时期，我决定成为艺术家。当时我并不知道，这个抉择将出人意料地呵护我的童真。

在成为艺术家之前，我从来没有思考过童年。我是否只有一个固定的童年概念呢？想要回答这个问题，不是轻而易举的。但是不可否认，在不知不觉间，我的童书创作揭示了我对童年的热爱和思考。其实，我一开始也不太了解童书，更没有想到自己的童年经历将发挥重大作用。因为我并不是带着确切的理念来创作，整个过程对我来说就是一场探索。比如，我逐渐意识到，如果创作意图清晰，童书的构思可基于三个角度：父亲视角、母亲视角和儿童视角。而我的创作总是自然而然地倾向后者，即儿童视角。

---

［1］尼古拉·布维耶（Nicolas Bouvier，1929—1998）是瑞士旅行家、作家和摄影师。他从小立志游历世界，从二十世纪五十年代开始先后游历阿富汗地区、印度、锡兰（今斯里兰卡）、日本和爱尔兰。他根据这些旅行素材创作了三本游记：《世界之道》《日本笔记》《鱼和蝎子》。其中，《世界之道》文字优美充满哲思，被奉为二十世纪西方游记文学的经典。——译者注（如无特殊说明，本书所有注释均为译者注。）

［2］尼古拉·纳沙泰勒（Nicolas Neufchatel，1527—1590）是佛兰德画家和制图员，擅长肖像画，代表作有《一位贵族小姐的画像》《一位贵族的画像》。

所谓父亲视角和母亲视角，当然只是象征意义上的，与作者的性别，及其与孩子的亲缘关系无关。我认为，父母视角旨在传播有关有限世界的知识。在一定的时空范围内，这部分知识是稳定的，因而易于传播。一般来说，拥有父亲视角的作者关注抽象认知，拥有母亲视角的作者则关注具象认知，比如教授一切与身体有关的知识：身体各部位的名称，如何穿衣、吃饭、刷牙、睡觉，如何感知环境，懂得什么是危险和疼痛，认识房子、花园等日常环境。相比之下，拥有父亲视角的作者则展示家庭以外的广阔世界，他们创作字典、百科全书、科普读物和手册。

而我的创作视角，我称之为“儿童的”。它与“父亲”“母亲”视角之区别在于它的开放性。我认为，人类创作虚构类作品，目的是给孩子们提供探索、体验世界的方法，扩大思辨、想象以及情感天地，同时学会自我控制。因此，童书创作并不仅仅是撰写故事、塑造人物和彰显风格，它还赋予了我宝贵的机会，重现孩子看世界的视角，尤其是他们眼中神秘的成人世界。

上图：让·德·拉封迪奈勒[1]《字母表》插图。老白鹮正在教小白鹮 ABC，准备开启一场伟大的冒险。

右图：《埃菲尔铁塔下的约会》（*Rendez-vous à la Tour Eiffel*）扉页。我认为，扉页好比舞台幕布的开启。我一直将图画书视为即将开演的小剧院。

[1] 让·德·拉封迪奈勒（Jean de La Fontinelle，1900—1974）是法国插画家，擅长画风景和动物，先后为法国作家勒内·吉约的八部小说画插画。

对页图：《黄金星星照耀的夜晚》（*La nuit de l'étoile d'or*）插图。我是怎样创作这幅图的呢？一旦完稿，我就会忘记当初的构思和绘制过程。有时候，模仿自己是很困难的。

Chez les fées

住在仙女家

小时候，周围的小伙伴没有一个读过书。直到上学那一天，学校把课本借给我们，我们才读到了人生的第一本书。和其他所有东西一样，书在那个年代是稀缺之物。教母只有两本书，一本是食谱，另一本是弥撒经书。我们俩都格外珍惜它们。况且，教母一向惜物敬事，对书更是视若珍宝。和同时代的很多女性一样，她喜欢阅读关于心灵方面的书。对于读书太少这件事，她是耿耿于怀，抱憾终身的。只要一有机会，她就如饥似渴地读书，并且熟记于心，虽然这种机会寥寥无几。至于我们这些顽童，晴天和下雪的时候，我们玩耍的天地就是大街小巷；下雨天时，我们的玩耍天地则是桌底，我们将之想象为禁止大人出入的区域。

总之，我小的时候没读过几本书，可是我并没有任何遗憾，因为我拥有比书还精彩一百倍的仙女教母。每天黄昏时分，我就坐在她的膝盖上听讲故事。就这样，教母会一遍又一遍地给我讲格林童话，一直到夜色降临，故事里的巫婆被火烧死，我们才起身开灯。有朝一日，这段坐在窗前、听讲故事的记忆将在《弗隆和缪赛特》（Flon-Flon & Musette）里重现。

毫无疑问，那是一贫如洗的年代，但是我从来没有感到想象力有任何欠缺。相反的，我的记忆，尤其童话记忆，都变成了取之不尽用之不竭的财富，成为我人生体验的根基。我渴望将这些体验传递给下一代。

左图：《弗隆和缪赛特》草图。

如何用图画书来传达这种刻骨铭心的体验？虽然明知这是无法企及的理想，但我依然锲而不舍。至少，黄昏时分听讲故事成了我童年的一种仪式。这种美好让我确信，童书创作严肃正经，且影响深远。

我认为，讲故事的迷人之处在于重复。那些经典童话如《灰姑娘》《睡美人》《白雪公主》等，经过一代又一代人的传唱，具有了跨时代的魅力。教母翻来覆去讲的，总共只有七个童话。有趣的是，我一点儿也不厌烦，反而觉得如果故事太多太杂，它们的魅力会大打折扣。

也许就是在听故事的时候，我学会了讲述。这些故事在岁月流转中被反复讲述，在一代又一代人的口耳相传中被抛光打磨，呈现出近乎完美的面貌。战争结束的前夕，我有幸听到了这些代代流传的经典。也正是在日复一日的听讲中，我学会了讲故事。

教母从哪儿知道这些故事的呢？是通过听讲，还是自主阅读？我对此一无所知。教母属于我祖母辈的人，出生于十九世纪。在那个年代，人们还很关心水的价钱，切身体会到物质的稀缺。生活中的一切都是弥足珍贵的，比如从小就会唱的一首歌、听过的唯一一场音乐会、一本食谱、很久以前收到的一张明信片。我听过的那些童话有着同样的魅力。

上图及右图： 教母那代人所熟知的图像差不多都消失了，只剩下圣尼古拉的形象。每年冬天，为了庆祝圣尼古拉日，人们会制作香料面包，并在包装上贴上圣人的画像。（艾姿碧塔收藏）

Au bord de la fontaine
Sing
Pian
Die schöne Müllerin.
EIN CYCLUS v. LIEDERN
Gedichtet v. Wilhelm Müller
französische Übersetzung von Bélanger
mit Begleitung des Pianoforte
und dem Herrn
Carl Freiherrn von Schönstein
gewidmet von
FRANZ SCHUBERT.
Op. 25.
für Bariton oder Alt wie selbe von
Herrn JULIUS STOCKHAUSEN gesungen
werden.
Einzigrechtmässige Ausgabe.
Eigenthum des Verlegers. Eingetragen in das Vereinsarchiv.
WIEN, C. A. SPINA,
K.K. Hof u. p. Kunst u. Musikalienhandlung.
17794.

对页图：清溪、鳟鱼、椴树和舒伯特的音乐，构成了我的阿尔萨斯童年旋律。（艾姿碧塔收藏）

左图：李比希牌肉茶的彩色贸易卡[1]，上面写着《月亮光光》（*Au clair de la lure*）[2]。这首童谣流传甚广，但充满着神秘色彩。我很纳闷，主人公为什么偏偏选择在深夜里写字，还四处借笔，打扰邻居清梦？

那时，简单朴素的东西总是带给我一种丰盈之感。现在，我一走进儿童房，如同目睹恐怖片的场景，一股鄙夷之情油然而生：儿童房里堆积如山的是各种毛绒玩具、模型、录音盒、幼儿教具，播放的是令人眼花缭乱的视频。我认为，过量的娱乐设备会扼杀想象力，这些外部技术和消极娱乐正在取代我小时候体验到的东西：自娱自乐的积极性和蓬勃的创造力。而且，玩具制造商们根据自己对童年的刻板想法，生产出大量恶俗的儿童消费品。结果，孩子们停止了思考，想象力变成了冗余。

---

[1] 尤斯图斯·冯·李比希（Justus von Liebig，1803—1873）是十九世纪的德国化学家，他以牛肉为原料，研制出一种浓缩肉汁配方，称之为“肉茶”，具有较高的药用和营养价值。后来，他成立了李比希肉制品公司。作为营销策略之一，该公司推出了彩色系列贸易卡，上面印着文学、艺术和历史的各种趣闻。贸易卡一经推出就很抢手，不少人热衷收集这些小卡片。

[2]《月亮光光》是一首起源于一八世纪的法国童谣，是法国小朋友耳熟能详的歌曲。第一段歌词是：“月亮光光/我的朋友皮埃尔/请借给我一只鹅毛笔/我想写写字/我的烛台黑漆漆/没有烛光/快给我开开门/看在上帝的分上”。

幸运的是，我出生在远离消费的遥远年代，黑衣教母成了我生命中最可爱的人。通过她的讲述，我体验了先人在其他时空所经历的美好事物：音乐曲调、爬山虎花环装饰的舞裙、一个耳熟能详的白色小狗故事。似乎，我的记忆要比我的年纪更绵长，更悠久。后来我才明白，教母讲述的好多东西也传承于她的祖辈。她喜欢唱歌，有时我们一起唱那些在她未出生前就已谱写的歌曲。有时，她也为我朗诵那些古老的诗歌。这些文学和艺术意象照亮了我们的生命，显然它们比个体的生命要久远得多。因此，我孩童时就已经浸淫在这些古老的记忆里。回想童年的经历，我发现自己汲取了至少两个世纪的集体想象力，这些想象力成了源源不断的灵感。再加上我长大后云游四方，四处考察，因此头脑中贮藏了丰富的意象：从史前的壁画到电子影像，从《源氏物语》到让人乐不思蜀的异国他乡。同时，我的头脑里也有对未来的想象画面。

教母非常喜欢油画。在她狭窄的公寓里，亨利二世风格的大橱柜两边挂着两幅巨大的油画。这两幅风景画是杜比尼[1]风格的，画框是繁复的镀金粉饰灰泥。她还有一幅小尺寸的油画，挂在橱柜的上方。把这幅画挂上去、拿下来可真不是件容易的事情。但是，当修道院的汉斯院长偶尔拜访时，教母事先会把这幅画拿下来。我一点儿也不理解教母的这种做法，因为我认为这就是一幅普通的油画。它出自我们的一个画家朋友拉沃尔之手，沥青油画纸上画着一个斜躺露背的裸体维纳斯，据说这个维纳斯的原型是当时米卢斯的一位贵妇。

我抗议道："为什么要把它拿下来？我们不可能认出这位夫人，因为我们看不见她的脸。而且，她的衣服也全脱光了。"更何况，汉斯院长曾经洗

[1] 查尔斯-弗朗索瓦·杜比尼（Charles-François Daubigny，1817—1878）是法国巴比松画派的代表人物，擅长风景画，通过大块面积的涂色，描绘光线明媚、色彩艳丽的景色。

对页图和上图：左边的照片摄于十九世纪下半叶。这是教母小时候的样子，那时她最喜欢的地方是教堂桥[1]。她有一个铁盒，盒盖上印有“乐蓬马歇”[2]四个字。她把所有的明信片都保存在这个盒子里。下雨天时，这个铁盒就是我打发时间的宝贝。（艾姿碧塔收藏）

礼了我的塑料裸体洋娃娃。但是，大人丝毫不理睬我的争辩。后来我才知道，汉斯院长认为裸体是致命的罪过，他历数种种罪大恶极的事情时说：“情欲，就是在镜子里观看自己的裸体。”

教母最喜欢的画是拉斐尔的《椅中圣母》。这幅画太有名了，坊间存在着大量的仿作。尽管我们非常喜欢油画，但看到真迹的机会少之又少。

傍晚时分，夕阳西下，我的教母娓娓道来她的童年往事：“瑞士琉森湖上有一座古老的木桥，叫作教堂桥。那是我小的时候最喜欢的地方，我常常跑去桥上看画。”

“什么样的画？”

“特别美的画。我和祖母一起去，每次住在她家，我都要拉着她去教堂桥看画。下雨天也不例外。”

[1] 位于瑞士卢塞恩市，又名卡贝尔木桥，始建于1333年，是欧洲最古老的木廊桥。廊桥顶部绘有上百幅宗教历史油画。1993年，该桥曾遭火灾。所幸，桥身和画作后来得到修复。

[2] 乐蓬马歇百货商店是巴黎著名的奢侈品商场，创建于1838年。

对页图： 拉斐尔《椅中圣母》的复制品。这是教母最喜欢的一幅画。（艾姿碧塔收藏）

右图： 在猫头鹰国度，他们正在做着神秘的运动。古老的版画总是在召唤着我走向陌生的国度，开启一场想象之旅 比如这幅荷兰版画。（艾姿碧塔收藏）

虽然我一遍又一遍地提出各种问题，但还原事情的全部真相是不可能的。大约在 1885 年，教母开始痴迷教堂桥上的油画。而我，则是在将近一个世纪后才有机会看到它，一睹期待已久的廊桥油画。遗憾的是，此后不久，这座桥就遇到了火灾，油画也未能幸免。据说，它是欧洲最古老的木桥：蜿蜒的廊桥由柱子支撑，连接着卢塞恩市南北两个街区。在漫长的岁月中，廊桥的油画讲述着历经的沧桑：战乱与火灾。

儿童的世界里也存在着一些转瞬即逝但刻骨铭心的画面。

“你看到过的最美的东西是什么？”我问道。

“有一年，我在黑森林[1]度过了寒冬。天上搓绵扯絮般下着大雪，我们坐着雪橇穿过白雪皑皑的森林。一天晚上，月光如水，我们坐在马拉雪橇上，用羊毛毯严严实实地裹着双腿，四周光辉夺目，宛如白昼。马鞍上系着铃铛，我们听着阵阵银铃声，悄无声息地穿行在松树林里。那是我最美好的回忆。”

在悲惨的战争中，教母懂得保全简单而珍贵的瞬间。我们的幸福来自最朴素的日常生活，到今天我依然难以形容这种快乐。教母性格内向，在男性主导的世界里不曾拥有任何权利，不仅没有受到良好的教育，而且一贫如洗。战争剥夺了她所有的财富。在很多人眼里，她的一生平淡无奇。但她活出了属于自己的精彩，卑微却充实，贫穷却快乐。没有人知道她的幸福秘诀，包括她自己。我想，教母就像从水泥缝中长出的青草，顶开沥青，顽强地冒出头来，仿佛在向这个世界行脱帽礼：你好，人生！

---

[1] 位于德国的西南部，是德国最大的森林山脉，地势高峻，气候寒冷，是滑雪和疗养的旅游胜地。

How do you do?

How do you do?

战后的第二年，我被送到了新的寄居地，永远地告别了与教母在一起的幸福时光。那一年，我刚九岁，再次来到了一个陌生的国家，接触新语言和新环境。我的邻居罗拉小姐是个老学究。得知我要去英国，她提前教了我一句问候语："How do you do？"罗拉小姐告诉我，这是英国人最常用的句子，但为什么要问候我压根不认识的人呢？虽然我迷惑不解，但还是鹦鹉学舌般地学会了。就这样，我怀揣着唯一一句英语，抵达英国。

我寄宿的那所修道院，人们都很傲慢。除了强烈的孤独感，我感到一种难以名状的别扭。我很久以后才明白缘由。对于修女和女学生的关系，教会的创始人设立了烦琐的制度。几个世纪之后，修女们依然严格地贯彻着这项制度："可以亲自打扮女学生，但是避免体验到哪怕一丁点儿乐趣。"

> 她们不得触碰女学生的脸，甚至不能碰手……她们必须端坐在椅子上，确保女学生的衣服不会碰到自己的修女服。当不得不起身，近距离地辅导学生时，她们必须娴熟地确保衣服不触碰到这些俗世女孩。她们应该不动声色地完成上述动作，避免尴尬。
>
> ——皮埃尔·傅立叶[1]

[1] 皮埃尔·傅立叶（Pierre Fourier，1565—1640）是一位法国牧师。他支持免费教育，创立了照顾贫困儿童的修女宗教团体，被誉为罗马天主教圣人。

对页图：这面英国国旗上似乎缺了什么东西。是不是缺了闹独立的苏格兰？（艾姿碧塔收藏）

右图：《小马虎的旅行》（*Le voyage de Couci-Couça*）插画。

而且修女们教导我，身体是灵魂肮脏的遮羞布。除了身体，在上帝的眼里，我的灵魂也被罪恶玷污了。显然，这与我在阿尔萨斯的幸福理念截然相反。

幸运的是，黑漆漆的走廊尽头有一个书橱，给予了我一个平行的想象世界。在阅读中，我体验了多姿多彩的生活：在柳树下修补船只的河鼠、海盗船上的小水手、继承了大笔财产的孤儿等。我是多么忌妒这些孤儿，感觉真是同人不同命：同样是孤儿，他们的生活波澜壮阔，惊心动魄；而我呢，生活日复一日，平淡无奇。于是，我暗暗重写了家谱：根据刚刚掌握的印第安人知识，我把自己想象成波兰间谍和印第安女人的私生子，备受宠爱。

二十多年前，我第一次到韦桑岛[1]度假，一踏上这片土地，我就喜欢上了它，这里充满了异域风情，粗犷而又美丽，仿佛一个小型的巴塔哥尼亚[2]。这种环境满足了我的童年期许，因为我小时候做梦都想成为水手，渴望接受暴风雨的洗礼：要是能生活在一艘穿越合恩角[3]的海盗船上，那该多好啊。

---

[1] 位于法国布列塔尼半岛西端，是一个小型岩石岛。

[2] 位于阿根廷和智利交界处，东临大西洋，南濒麦哲伦海峡，气候条件恶劣，常年沙尘暴不断，素有“风土高原”之称。

[3] 位于南美洲最南端，是智利西部合恩岛上的陡峭岬角，得名于1616年绕过此角的荷兰航海家斯豪滕的出生地。它也是太平洋和大西洋的分界线，终年波涛汹涌、强风不断，航行极其危险。

左图： 关于友谊与流浪的主题，《柳林风声》是这方面最美的藏书，插图由欧内斯特 · 谢泼德[1]绘制。

对页图： 伊芙 · 加尼特[2]为罗伯特 · 路易斯 · 史蒂文森[3]《一个孩子的诗园》画的铅笔插画，创作于 1948 年。背景图选自艾姿碧塔作品《小小航海家》（*Le petit navigateur illustré*）。

在修道院的图书馆里，我认真地研究了各种书籍，最后得出结论：除了水手，没有任何激动人心的职业是对儿童开放的。对此，我毫无怨言，因为当小水手正是我梦寐以求的。原则上，船长不会雇佣女孩，所以我必须乔装打扮。那我就女扮男装喽！在我的完美计划中，只有当冒险进入尾声时，人们才会发现我的女孩身份。不过等到那个时候，我已经完成了使命，不仅从海难里拯救了所有人，而且发现了宝藏，甚至还教会了鹦鹉说话！

在同一时期，我已经对儿童文学产生浓厚的兴趣。通常，它们的读者群比我当时的年纪要小得多。我不仅读了英文儿歌，而且还读了亚瑟 · 兰塞姆[4]改编的俄国童话。最近，我还找到了一本破旧的口袋书，是史蒂文森写给儿童的诗歌，书中迷人的铅笔插画出自伊芙 · 加尼特之手。

---

[1] 欧内斯特·谢泼德（Ernest Shepard，1879—1976）是英国艺术家、插画家，以《柳林风声》和《小熊维尼》的插画闻名于世。

[2] 伊芙·加尼特（Eve Garnett，1900—1991）是英国青少年文学作家、插画家。代表作是《那条街上的家庭》《小拉格尔斯奇遇记》。

[3] 罗伯特·路易斯·史蒂文森（Robert Louis Stevenson，1850—1894）是英国小说家，作品风格多变，深刻地影响了二十世纪现代主义文学。代表作有《金银岛》《化身博士》《卡特丽娜》。

[4] 亚瑟·兰塞姆（Arthur Ransome，1884—1967）是首位荣获卡内基儿童文学奖的英国作家，著有《燕子号和亚马孙号》系列，小说充满了童趣，揄扬冒险精神。在一战期间，他曾在俄国担任战地记者，收集了不少当地的童话传说。

The Land of Story-books

AT evening when the lamp is lit,
Around the fire my parents sit;
They sit at home and talk and sing,
And do not play at anything.

Now, with my little gun, I crawl
All in the dark along the wall,
And follow round the forest track
Away behind the sofa back.

There, in the night, where none can spy,
All in my hunter's camp I lie,
And play at books that I have read
Till it is time to go to bed.

Au pays des livres d'histoirest

故事书王国

左图：这幅图浓缩了一个假小子的梦想。（艾姿碧塔绘制）

晚上灯亮起来的时候，
我的爸爸妈妈围坐在篝火旁。
他们坐在那里，交谈歌唱，
但是不做游戏。

我拿着小手枪，匍匐前进，
沿着墙壁的阴影，
追着森林的踪迹，
围着沙发转圈。

在那夜色中，没有人看得见我，
我躺在我的猎营里，
翻阅着我读过的那些书，
一直到睡觉那一刻。

——罗伯特·路易斯·史蒂文森

几年后，我开始创作各种小故事。故事的主角常常是个孤儿，我从来没有写完一个故事。但是从那时起，我决定要成为艺术家。

上图：我在英国寄宿学校读书时，遇到了一个令人印象深刻的主任。尽管我画了大象的长鼻，但有个校友还是一眼就认出了她，马上明白我俩就读于同一所学校。（艾姿碧塔绘制）

我的读物都是学校大书橱里的旧书，其中一部分是关于海上冒险和猎取动物皮毛的北美猎人小说。因此我怀疑，修女们是从男校图书馆弄来了这批书。

上图：约翰 · 大卫 · 怀斯[1]《海角乐园》，1812 年出版。上图选自 1906 年的阿歇特出版社版本。

对页图：《小小航海家》插图。（艾姿碧塔绘制）

---

［1］约翰·大卫·怀斯（Johann David Wyss，1743—1818）是瑞士作家。据说，他受到笛福《鲁滨孙漂流记》的启发，写下了《海角乐园》。

21. 2. 1853
BAOBAB

左图：选自《1973—1976 年每日画集选》（艾姿碧塔绘制）

对页图：穆哈德－迪恩·艾·拉巴德是一位埃及艺术家，专攻视觉密码。在这幅画上，他将国际航海国旗代码与我最喜欢的一位画家海关职员卢梭[1]的作品《我本人·肖像·风景》叠加在一起。

我小小年纪就漂泊不定，不得不适宜各种制度，在短短几年内学习数种语言（九岁时我已经开始学习第五种语言了[2]）。这段经历深刻地影响着我，视觉始终是我偏好的观察角度，因为对我而言视觉认证是最稳定的。因为经验告诉我，如果对话者缺席，语言体系就会瞬间失去效力。从很小的时候开始，我就将安全感建立在更牢固的事实上：物品有可能丧失它的命名，但是永远不会丧失它的功能。也许，我并不知道如何在新的语言体系里命名椅子，但是我总能一眼就认出它，并且稳稳地坐在上面。

而且，经验也告诉我，各种语言代码相互竞争，充满相对性。对使用者来说，母语无疑是他们打开世界的钥匙。只要没有来自外界的质疑，我们的语言将会是无懈可击的，只有在暴力的威胁下我们才会放弃它。我很早就发现，各种语言之间存在着一场荒谬而残酷的战争，因为人们都认为自己的语言更优越，具有唯一合法性。我很自豪自己学了多种语言，但是大人教导我，最好不要吹嘘这一点。

实际上，我寄宿的那家女校[3]很有名，可是就在我到校的第二天，负

[1] 原名亨利·朱利安·卢梭（Henri Julien Rousseau，1844—1910），法国后期印象派画家，因其曾担任巴黎海关处收税员，又名海关职员卢梭。他用纯真无瑕的眼睛去观察世界，感受生活的真谛，代表作有《村中散步》《税卡》《乡村婚礼》。

[2] 这五种语言分别是波兰语、法语、德语、阿尔萨斯方言和英语。

[3] 这里指鸟雀女子寄宿学校（*Le couvent des oiseaux*），原址在巴黎，在1818年至1904年间是女童寄宿学校。后来，修道院院长圣心修女被流放到了英国肯特郡，在那儿她重建了鸟雀女子寄宿学校。

للزينة أم للتخاطب ؟

كثيراً ما نشاهد فى الصور القديمة ، وفى أفلام السينما التاريخبة بعض السفن وقد زينت بعشرات من الرايات الملونة بألوان فاقعة : أصفر و أحمر و أزرق و أسود و أبيض . و غالباً ما ظنناها مجرد زينات احتفالية .

لكنه اتضح لنا ـ فيما بعد ـ أن الامر لم يكن كذلك ، بل إنَ كل راية من تلك الرايات الملونة تمثل حرفا من حروف الهجاء . ويكوَن تجاور تلك الكلمات ، التى يمكن للسفن الاخرى التى تراها أن تقرأها ، وتفهمها حسب قواعد متفق عليها فى عالم البحرية !

لوحة للرسام الفرنسى « هنرى روسَو »
صوَر فيها نفسه و اقفاً أمام سفينة
راسية ترفع أعلام التخاطب الملونة
[رسمت عم ١٨٨٩]

左图：波兰版画《英雄》。

对页图： 波兰农妇用粗糙的羊毛剪剪出窗花，装点自己的家。（艾姿碧塔收藏）

责教授教义的修女就给我当头一棒：“亲爱的孩子，你还不会说英语，你就先用法语来写作业。来，请你回答这个问题。”她一边说着，一边递给我一张纸，上面写着一行漂亮而略显稚气的字：“什么是圣餐圣人？”

我一遍遍念着这个让我目瞪口呆的问题，脑子里努力地搜罗着我所知道的所有圣人的名字，但是在米卢斯，从来没有人跟我提起过圣餐圣人！瞬间，我被揭开了真实身份。人们将知道，我并不是一个真正的法国人，我真正的母语是阿尔萨斯语，一种令人羞愧的方言。当初，我曾经答应过母亲，决不能跟人承认这一点，并且不能跟别人提起我懂德语这件事，因为那是敌人的语言。我信誓旦旦要隐藏这些污点，因为它们会牵扯出其他污点。于是，我忍不住大哭起来。

知晓多种语言的经历不仅让我更喜欢视觉，也唤醒了我对那些被遗忘的语言的怀念。由于不常用，这些语言渐渐被淡忘了。

至今，我还保存着一些我童年的信件。可惜，信里的字我已经不认识了。这是多么奇怪的感觉。我多么希望自己记得这些语言，甚至能够学习地球上所有的语言，知晓所有的语言代码。

孩子喜欢收集大人认为没用的东西，对语言的怀念让我热衷关注各种无法定义的符号、体系、词汇、习俗和工艺。它们杂七杂八，不成体系，却十分珍贵：各种外语词汇、怎么打水手结、古典芭蕾的姿势命名法、那些我永远无法到达的地名、动物足迹的记录、星星的名字、印地语脏话等。从小到大，我从来没有停止这种孩子气十足的抄录。即便成年后，我还保留了这种天真的抄录热情。在我的日记里，日常生活的记录中往往穿插着奇闻趣事：将极光召之即来挥之即去的秘方；一种古印度的特殊黄色颜料，原料取自饱食杧果的神牛的小便；那些我从未见过的缅甸石刻等。很多时候，我就是在品味这些童趣十足的抄录时获得了灵感。

我在创作中尝试着挖掘童年的体验，通过文字和图像传承下去。其实，我身上形形色色的文化行李也很难称为遗产，因为我在很小的时候就被剥夺了父辈的语言、文化，以及来自祖国的一切。所以，确切地说，我所拥有的是自己一路东拼西凑得来的：它们是我颠沛流离的一生中机缘巧合被赠予的，尤其是我在动荡的童年里体验到的多种文化符码。

左图：《小弟弟和小妹妹》（*Petit-frère et petite-soeur*）插图。（艾姿碧塔绘制）

在这些收获中，祖国波兰给我留下了什么呢？

要知道，回答这个问题非常难。我有一个假设，但我毫无把握。我怀疑，如果一个人在幼儿时期遗忘了一门语言，那么，与这门语言相关的一切文化记忆也随之消失殆尽。这就是为什么我没有任何关于波兰的记忆。比如，我一点儿也不记得我的保姆。我至今不能理解这种遗忘，甚至感到羞愧，因为她算得上我的第一位养母，负责照料我的生活起居。一方面，她待我极好，做事麻利，说一不二，还救了我的命；另一方面，她又有着芭芭雅嘎[1]的复仇情结，让我的姐姐心惊胆战。但是这一切，我都忘得一干二净。

我心怀愧疚，负罪感不时涌上心头。但是我为什么有负罪感呢？

据说，她曾教过我唱军歌，而且父亲为了逗乐取笑经常让我唱一段。当时我对这些曲目倒背如流，如今我却忘得干干净净。这么说来，这个保姆待我还算不错，但她又暗地里虐待我姐姐。我想，这个教我唱歌的保姆也一定给我讲过故事。因此，这些被遗忘了的波兰岁月，与此后的阿尔萨斯岁月一样，带有异国情调。也许在战争摧毁一切以前，我也曾有图画书和玩具。在仅存的照片里，我还能看到洋娃娃、毛绒熊、玩具小狗和小马。但是这些照片上的人和事，我通通不记得了。记忆这件事真是太神秘了。

---

[1] 俄罗斯童话中的老巫婆，据说她专吃小孩，充满邪恶和怨恨。

也许这就是我想要从头来过的原因。其实，很多小孩也有同感，尤其是那些被收养的孩子，他们来自遥远的国家，没有人知道他们的先人。

有一天，寄宿学校里来了一个波兰女孩。她不是我这种什么都不懂的假波兰女孩，而是一位正牌的波兰女孩。她说一口流利的波兰语，为了看起来更像英国女孩，她特意把一头金发编成有点儿松的辫子。

“你知道怎么用波兰语说你的名字吗？”她问我。我那时候已经十二岁了，但从来没有人教过我。仿佛对我第二次洗礼一样，她给了我最珍贵的礼物：“你叫艾姿碧塔。”

从表面上看，祖国波兰早已失去意义，但它又与我的童年有着千丝万缕的联系。这也许解释了我对儿童世界的好奇和探索。不可否认，对这个消失了的世界，我只有一些残存的记忆，但这些记忆在童书创作中发挥了不可磨灭的作用。帕特里克·柯西香[1]在《世界报》上写道：

> 在很多作品里，流亡是一种隐藏的灵感，一个图画无法传达的意象。很多创作即使并没有直接讲到这个话题，究其根底，来源依然与流亡有关。要理解其中三昧，我们应该以背井离乡为思考的起点，不管这种分离是想象的还是亲历的，是突然的还是渐进的。

这是否也定义了所有写给孩子的作品？

对成年人来说，无论他是读者还是作者，都是从童年流亡到了成人世界。童年的本质是失去，因为一旦长大，我们再也无法回到童年。无论我们童年

[1] 帕特里克·柯西香（Patrick Kéchichian，1951—）是法国《世界报》的记者。

对页图：如果没有战争，我将在波兰长大，过着一个正常女孩的生活，就像《玫瑰科斯特》里的画中人一样。塔玛拉·德兰陂卡[1]于1926年创作了这幅油画。（法国南特美术馆收藏）

右图：《小弟弟和小妹妹》插图。（艾姿碧塔绘制）

是幸福的还是不幸的，它始终埋藏在记忆里，要么如同一个避风港，要么如同一处无法治愈的伤痛。无论如何，童年确然是一去无迹。

即使有一些永远解不开的谜团，我也愿意不断地探索。这种欲望成为一种强烈的创作驱动力，因为这些无法填补的空白激发思想，锻造思维。

安徒生《海的女儿》是我小时候最喜欢的童话。至今，我仍然认为它是世界文学的巅峰之作，其他的领域很难有一部作品能引发如此多的反思。还是孩子的我为什么会爱上它呢？我没有答案，但谜一样的文本不就提供了多层的解读空间吗？每次我重读这个童话，都会收获新的理解。

这个童话并不是大人读给我听的。它是我最早的自主阅读读物，既让人害怕，又让人神往。之前，我一直是在教母温暖的膝盖上听讲故事。尽管有些情节略带血腥，但是我被母爱呵护着，护送着穿过幽深的森林小径。《海的女儿》是我独自面对的第一个文本，它向我倾诉着某些神秘的东西。伟大的文本在每个读者面前如花绽放，点燃潜在的知识火花。而且，不同于普通童话，小美人鱼的故事以悲剧结尾，因为悲剧就是命运的一部分。

[1] 塔玛拉·德兰陂卡（Tamara de Lempicka，1898—1980）是波兰画家，装饰风艺术的代表人物之一。她出生于波兰一个富裕家庭，一战期间逃到了巴黎，为了养家糊口成了职业画家。她画了大量的装饰风艺术肖像，以及高度风格化的裸体画作，代表作有《戴手套的女孩》《女人和鸽子》《自画像——开着绿色布加迪超跑的塔玛拉》。

左图：《滴水兽和巫婆们》（*Gargouilles, sorcières et Compagnie*）插图。这是我的图画书里常出现的小吉祥物。

对页图：《弗隆和缪塞特》插图。这对好朋友是我作品中最著名的两个人物。他们去了无数我从来都没有到过的地方。

今天我重新审视这个童话，发现其中一些元素呼应了我的身世。也许，我小的时候已经意识到了这一点。问题之一便是流亡与忘记母语的关系：母语学习和外语学习的区别是什么？那些被遗忘的语言对我们有什么影响？它们隐藏在灵魂深处的哪个角落？我的语言学家朋友说，在母语习得的过程中，身体的发育机能也一并养成。显然，这与随后的外语学习截然不同。从某种意义上说，母语本应该镌刻在人的灵魂深处，但在我身上，母语已经被忘得一干二净。安徒生身材高大，天赋异禀：他是如何洞悉忘记母语的致命危险呢？冒失的流亡者无法抗拒思乡之情，企图一遍又一遍地回归故土。但一切都是徒劳，他们永远地失去了母语符码和文化之根。

后来，我与来自故乡的亲人重新建立了联系，再次认识了被我遗忘了的母语。但那是一个特殊的波兰——流亡的波兰。

二战和冷战切断了流亡人的根。等到跨国自由往来恢复时，对于老一辈的人来说已经太迟。很多人再也回不到祖国，哪怕是短暂的探亲，但他们虔诚地保留着年轻时的生活方式和思维模式。他们徘徊在两个国家之间：法国是如今的停泊处，波兰则是曾经的传奇。他们表现得仿佛依然身处华沙、维尔纽斯，谈论生活，评判世界。但波兰丝毫不顾及这些漂泊在外的游子，自顾自地上演着残忍的历史剧变。远在天边的遗老遗少们却哼着昔日的曲调，跳着旧时的舞曲。那些自诩忠贞不贰的爱国人士，如果女儿带回一个法国未婚夫，他们会勃然大怒，认为自己遭到了背叛。

米琪

“

我有一只毛绒熊，他叫米琪。确切地说，我只有半只熊。每隔一天，我睁开眼就喊：‘今天，米琪是我一个人的！’

其他的日子，米琪则会背叛我，到了我亲密的敌人手里。

在仓皇逃离的时候，两个小女孩是拿不了什么东西的。为了不走丢，我们姊妹俩得手拉手，因此只能腾出一只手来带上米琪。在这场漫长的旅途中，一天早上我睁开眼，发现米琪和其他东西一起神秘地消失了。

很久之后，他们给我看米琪的照片。他在战争的蹂躏下，苍老了不少：身上的绒毛逐渐脱落，稀疏可见。我曾经迫不及待地想再次见到他。然而在这些年中，他经历了太多太多，而我并不在他的经历之中。当我们久别重逢时，早已今非昔比，物是人非：在我眼里，他变得无关紧要，可有可无；而在他眼里，他似乎不认识我了，不会跟我说悄悄话。这不是他的错，我当然知道。但是背叛依然让我难以释怀。

”

对页图和下图： 四张毛绒熊的照片，用来纪念三心二意的米琪。照片上的两个毛绒熊是借来的旧玩具，来自法国杜省。在《孩子去哪儿了》(*Où vont les bébés?*)中，他们成了主人公葛斯贝和小珀特。

左图： 米琪被我的假想敌抱在怀里。

BEANO
2d
COMIC
Biffo the Bear
J. CLIPP. MANICURING CORNS REMOVED ETC.
DO YOUR NAILS NEED ATTENTION? Step inside.
FINGER NAILS POLISHED
NAILS
CIRCUS
SAND
CEMENT
Inside YOU'LL LAUGH AT DESPERATE DAN
THE
COMIC
KORKY THE CAT
HMM! I'LL GO TO SLEEP! SEE IF IT CAN WAKE ME UP AT SIX
KORKY'S NEVERFAIL ALARM CLOCK
WELCOME
Rub-a-dub-dub!
DANNY LONGLEGS

对页图：二十世纪四十年代的英国漫画是我假期里最喜欢的读物。可是，老师认为这些漫画有害儿童身心，在校期间禁止我们翻阅。

我在塞纳河边幻想着波兰，但其实波兰对我来说非常陌生。我一知半解的只有它的气候、零星的地名、习惯用语、信仰和菜肴等。而且，随着岁月的流逝，这些残存的记忆逐渐模糊、淡漠。但它们也给了我一些有迹可循的东西，让人能遐想：如果没有战争，我的命运会是什么样子呢？所以，我也不是对波兰一无所知，只是我的所知并不来自童年时期的亲历，而来自青少年时期的听闻。即便如此，青少年时期的记忆也恍如昨梦前尘，犹如烟波浩渺中的孤岛。

我离开阿尔萨斯前往英国，意味着时空的双重跳跃，一个真正的时代变换。法国解放后，我的母亲来到了米卢斯。至今，母子相见的情景依然历历在目。那时她风华正茂，梳着最新潮的发型，但是以我小孩子的眼光来看，她的发型称得上稀奇古怪。最令人难以置信的是，她居然穿着裤子。没错，就是裤子！而且是一条灰色法兰绒裤子！！这身现代感十足的打扮一下让我明白，她可不是什么仙女。

对页图： 英国火柴。离开米卢斯后，我过上了英式生活。新生活充满了新图像，即便是最小的细节，对我来说都是一个新世界，一种新发现。

稍后在英国，我看到了多年未见的亲姐姐：她穿着英式校服，拥有一辆让人眼红的自行车。她小小年纪就已是电影发烧友，说起电影如数家珍，还收集了许多好莱坞明星照。不仅如此，她居然还看漫画，而且只看英国漫画。我初来乍到，怯生生地打量着周围的新鲜事物：电话铃声、打字机声、新世界的语言、家具陈设、昏黄的灯光，以及厚重的机织地毯，人走在上面，一点儿也听不见脚步声。我还经常去看电影，认识了银幕上的劳瑞与哈迪，还有《灵犬莱西》[1]。没过多久，和英国的其他小女孩们一样，我学会早上对着镜子潇洒地打领带。姐姐三令五申，禁止我碰她的藏书，这反而激发了我的好奇。我把自己关在房间里，把她的藏书从头到尾翻了个遍。

如今，凡此种种浮现于眼前。波兰移民心怀故土，生活的点点滴滴无一不折射出怀旧之感：厨房飘出的香味、客厅过时的装潢、老旧家具、陈旧的水晶灯饰和绣花台布、圣枝主日编结的棕榈叶、复活节的彩蛋、礼拜日的稻草玩具和彩纸等。但是，各种现象都在表明，时代的前进已经是不争的事实，比如电话的普及。又比如，我叔叔收藏了一辆雪铁龙前驱汽车。他视之如命，特地搭建了一个银色的篷布罩，为其遮风挡雨。

---

[1] 劳瑞与哈迪是美国二十世纪三四十年代的喜剧明星，一高一矮、一胖一瘦、滑稽感十足。《灵犬莱西》上映于1943年，讲述了莱西历尽千辛万苦回到主人身边的故事。

SWAN
VESTAS
The Smoker's Match

Abraham

对页图：《龙飞飞》（*Dragon vole*）插图。双线画是我的独门绝技。对于这种绘画技巧，我视若珍宝，秘而不宣。

Mon premier livre

处女作

编辑有什么用？他们只需要负责书的物质形态和印刷层面吗？显然，出版从业人员负责的不仅仅是上述的浅层问题。我的出书经历可谓现身说法，就是编辑伯乐促成了我的处女作，他不仅无条件地支持我，而且不求立竿见影的经济回报。

一般来说，编辑和出版社并不是基于一成不变的理念和公式来做抉择。对作者而言，与出版社对接首先意味着跟具体的某个人打交道，他有着独特的品味和艺术见解。处理好与编辑的关系，对于作者来说至关重要。我在这方面也有血的教训：由于处理不当，我一度中断了创作，直到两年后找到适合的编辑，我才得以继续。

事情是这样的：最初，编辑和我合作出了四本系列图画书。后来，她突然跳槽去了另外一家出版社，创建一个新的部门。她的改弦更张毫无征兆，而我当时正在创作第五本书，完全猝不及防。我原本满腔热情地投入创作，打算绘制系列作品，构建饱满的艺术世界。编辑的不辞而别让这一切戛然而止。后来，我工作上又出现了各种拖延和纰漏。种种迹象表明，童书部的新负责人对我的作品毫无兴趣。果然，他很快就终止了合作。

左图：艾姿碧塔未发表图。图中法文的意思是《一个陌生人的画像》。

对页图：《刮刮亮片》（*Gratte-Paillette*）插图。刮刮亮片是我最喜欢的人物之一，他常常穿行于卢森堡公园与大海之间。

在创作中，我会投入或深或浅的感情，这几本书隐含了一些非常私人的暗示，比如主人公的名字来自我的好友，某个怪兽形象来自我的仇敌等。因此，我难以接受这些艺术人物的生命突然被宣判死刑，我甚至将之视为人身攻击。我心灰意冷，不愿与“谋杀者”继续合作。接踵而至的问题是，如何继续童书创作？寻找新的合作编辑和出版社，意味着推翻前作，一切从头开始。无疑，这是对时间和精力的巨大浪费，我的失望溢于言表。

我认为，比起其他出版领域，童书界更难抵挡经济效益的诱惑。某些出版社一门心思钻进钱眼，视童书与烹饪大全、宠物饲养指南无异。有一天，我甚至读到了这样的话：“瞄准目标受众。”

不可否认，市面上充斥着大量平庸的童书，这算是儿童文学不受重视的铁证。试想，如果巴赫故意降低标准，写一首蹩脚的曲子，专门给小孩听，会是什么情形？或者他用木梳来教小孩音乐，又会是什么情形？

但这恰恰是当今童书界的真实写照，不少人甚至认为童书称不上真正的文学创作。当谈到堆积如山的童书时，我们称之为“儿童文学”，这个叫法是不是有点儿名不副实？他们还认为，儿童发育不全，不具备独立的审美能力。因此，一些虚伪的出版人就把那些花里胡哨的平庸故事推送给孩子。上述观点与我的看法背道而驰。我认为，儿童是天生的探索者，拥有令人赞叹的学习能力和好奇心。但是很多童书鱼目混珠，以次充好。我们常常听到：“太美的东西不适合孩子，他们看不懂。”不可否认，孩子在某些方面不如大人。但在另一些方面，孩子的勇气和天赋是大人望尘莫及的。试问，在好奇心上，有哪位大人能够媲美新生儿？后者转动着好奇的小脑袋，眼观六路耳听八方，学习语言和掌控自己的身体，与这个星球上的其他居民交流。面对孩子的天生直觉和艺术敏感，所有成人都会相形见绌。

问题还不止于此。很多人认为，孩子只适合阅读美好光明的故事，结局最好是四平八稳、皆大欢喜的。事实并非如此。很多未经美化、原汁原味的传说和童话，以及一些大作家的经典故事都不忌讳展现生活的真相。

对页图和右图：艾姿碧塔草图。

我早期的作品《小扫帚历险记》是偶然的产物，从某种意义上来说，也属于定制作品。当时的艺术家常常囊中羞涩，生活捉襟见肘，靠打零工过日子，我的朋友德里克就是这样。他是英国人，靠卖画为生，不过他运气好，有个收入稳定的公务员太太。其实，当时很多艺术家和他一样，也得靠老婆补贴才能过日子。德里克这个人，懒懒散散，得过且过，还满腹牢骚。偶尔走运的话，他也能接到一些零活。他曾经涉猎电影行业，可惜好景不长。事情是这样的：有一次，他在一部历史片里做群众演员，饰演背信弃义的阿尔比恩军人[1]，在拿破仑走过时他却用英语大喊："向拿破仑致敬！"他这一喊扰乱了拍片计划，从而断送了他的演艺生涯。后来，由于出色的朗读能力，他受雇录制一套英语教材。录制的时间是在早上，而他习惯晚起。结果在录制的当天，他没来得及吃早餐就匆忙赶到了录音棚。

[1] 阿尔比恩（Albion）是英国的雅称。法国大革命时，英国支持革命。但路易十六被处决后，英国却联合其他欧洲国家一起对抗法国。故而，当时的人们用"背信弃义的阿尔比恩"来指代英国。

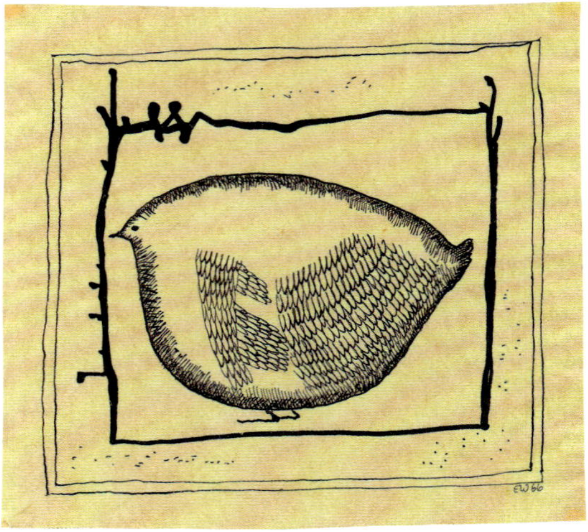

上图： 艾姿碧塔绘制。

录音的内容是史密斯太太和布朗先生的对话，其中，德里克是布朗先生的配音员。“早上好，布朗先生。”史密斯太太说道，“您想要一杯茶吗？”紧接着是一片沉寂。这时，令人绝望的事情发生了：“布朗先生”饿得肚子咕咕地叫了起来。工作人员尝试多次消除杂音，但都无济于事，最后德里克不得不放弃了录音。简而言之，这个昔日的童星（他 11 岁时录制过一张唱片，歌声如同夜莺一般美妙），难以再创辉煌。

有一天，他同我分享了一个新计划，说是有一条可以让我们一夜暴富的捷径：他擅长写儿童故事，有人建议他创作童书。我丝毫不怀疑这一点。在各种晚宴上，这家伙妙语连珠，谈笑风生，肚子里的趣事一个接一个，有着小丑一般的逗乐本事。他又补充道，他认识一个纽约的出版人，下个月来巴黎，说服他出版书是再容易不过的事情。总之，万事俱备只欠东风。现在，他唯一需要的是一个合作伙伴：我是否愿意为他的故事配图？

受到鼓舞，我开始了创作。我画了几张样图，拿给德里克看，他满心欢喜，赞叹不已，并承诺快马加鞭，埋头苦干。我这边就等着他的故事出炉，以便配图。不料，他写了一页半纸之后，从此再无下文。他解释说，自己遇到了瓶颈，需要活蹦乱跳的孩子来激发灵感。总之，这件事就这样不了了之。不过他确实是认识美国的一个出版商，并且推荐了我的画作。出版商建议我独立创作，因为德里克雷声大雨点小，已经放弃了他的作家梦。于是，我出人意料地成了文本作者，更确切地说是故事作者，因为出版商建议我创作一本无字书。

我忙里偷闲，用了近两年才完成这本书。那时，我还兼职某个国际组织的顾问。这是一个虚张声势的头衔，因为我的身份是代表世界各国艺术家，参与国际组织的事务。但这个组织极为机密，鲜为人知，因此几乎没有艺术家从中获利或得到赞助。在联合国教科文组织的办公室门上，赫然挂着我的名字，薪酬之微薄，令人难以想象。唯一的回报是，我在这儿结识了罗森塞尔先生。

米尔顿·罗森塞尔是我的同事，负责展示联合国教科文组织赞助的英语文学作品。每天，他端坐在代表团六楼的办公室里，周围是堆积如山的文件。从萨克斯大道看过去，他的办公室一眼就能认出来，因为窗户上挂着五颜六色的食品袋，简直就是一个露天的食物储藏室。他矮矮胖胖，鼓鼓的口袋里塞满了花生。跟很多美国人一样，他好像总是担心营养不良，担心吃不饱。而且，据说他有一位中欧的犹太先人，是被活活饿死的。因此，罗森塞尔牢记这段苦难，给自己制定了严格的用餐道德：必须把盘子里的食物吃得一干二净。

除此之外，罗森塞尔还有许多让人津津乐道的地方。他与众不同，不喜欢流连各种外交酒会。相反，他喜欢夜晚偷偷跑到迷宫般的地下室，在那儿探险。有时他会邀请我，一起在故纸堆里寻宝。地下室堆积了成千上万的废旧纸张，我们的任务是赶在它们被打成纸浆之前，抢救出一批宝贵的资料。对于这位美国匹克威克先生[1]，在故纸堆里爬上爬下、翻来翻去并非易事。有时，我们还真能淘到一些“宝贝”，比如各种崭新的出版物。由于没有合适的分发程序，这些资料无人认领，只能堆放在地下室里。罗森塞尔把这些资料放在小推车上，穿过空无一人的大楼，像蚂蚁搬家一样，统统搬到他的办公室里。他是个敬惜字纸的人，无法容忍这种浪费。

后来，他索性自创了一套分发体系，效率远远超出官方体系。按照收件人的兴趣和语言，他将之分门别类：数学家将收到与数学有关的出版物，但诗歌绝不会分发到他们手上。我呢，在教科文组织的身份是东方文学的爱好者，所以多年来我一直收到译成英语的亚洲文学刊物。日积月

[1] 查尔斯·狄更斯小说《匹克威克外传》的主人公，乐善好施，喜欢钻研民俗风情，学识渊博，且体型肥胖，滑稽可笑。

上图：艾姿碧塔绘制。

累，这些刊物逐渐堆满了房间，最后我不得不将之赠送给巴黎国立东方语言与文化中心。时至今日，罗森塞尔先生的奇闻趣事早已成为传奇，但我依然每年都收到一本有趣的英译韩国杂志。

还有一件事让我记忆犹新。为了防止公鸡在每天清晨打鸣，他从废纸堆里找出一个人体髑髅模型，挂在我的房间里[1]。之前，科学部清理了展示橱窗，科普展品被一股脑地扔进了垃圾堆。罗森赛尔从中抢救了一些宝贝，人体脊椎模型就是其中之一。我还算去得晚的，其他人早已捷足先登：有的拿走了一个手臂，预备吓唬人；有的拿走了一颗头颅，打算下班后模仿哈姆雷特，陷入哲学沉思。

据观察，几乎所有大人物都自诩丹青妙手，幻想有朝一日成为童书作者，罗森塞尔也不例外。他毛遂自荐，兴致勃勃地要给我的第一本图画书配文，还把作品寄到伦敦的乔治·阿兰 & 恩维（*George Allen & Unwin*）出版社。

[1] 此处，艾姿碧塔使用了调侃的语气。根据研究，公鸡体内有着古老的生物钟，有较强的感光能力，一感受到第一缕晨光就会打鸣。而文中的髑髅代表着死亡，是黑暗国度的象征，自然不会出现公鸡打鸣。

左图：《巫婆的魔法书》（*Grimoire de sorcière*）插图。

对页图：《圣安东尼的欲望》（*Une tentation de Saint Antoine*）：小罪过。（艾姿碧塔绘制）

我同时也寄了另一份到纽约。伦敦的出版人立即接受了这本书，但认为文字部分画蛇添足。为了安慰罗森塞尔，我保留了他起的书名《还有什么比这更好的呢？》（*What could be nicer?*）我又快马加鞭地创作了另外两本图画书，赶在同一时间出版。

听起来，作为一位新手作家，我的出书过程还算顺利。实际上，我觉得是事倍功半，更多的其实是失望。这套小书尽管在好几个国家出版，却从来没在法国出版过。没有任何法国出版社愿意冒险，出版一本黑白无字书。事实上，法国缺乏英语国家和其他欧洲国家的平面设计传统。不过，即使在法国，《小扫帚历险记》（*Little mops*）也并非籍籍无名。蓬皮杜艺术中心童书展展出过这本书，巴黎桅楼书店（*La hune*）也上架了这本书。

几年以后，我陪一位油画发烧友逛大皇宫[1]，参观国际当代艺术博览会。在离开一个画廊时，负责人娜奈·斯坦恩[2]请我签名。没想到看到我的签名后，她大叫了一声："居然是您？"气氛顿时凝固了，我觉得很尴尬，就像做坏事被抓了现行。

[1] 巴黎大皇宫位于香榭丽舍大道，兴建于1900年巴黎世博会，现在是公共展览厅。每年的国际当代艺术博览会是法国最受瞩目的艺术展之一。

[2] 娜奈·斯坦恩（Nane Stern，1929—1998）是法国娜奈·斯坦恩画廊的创始人，培植了一批当代艺术家。

Elzbieta

因为，我突然想起前不久的一次偶遇，那位女士也叫斯坦恩，我们最后还闹得不欢而散。我以为这事情早就结束了，没想到法国似乎还有同名的人知晓此事。天知道她们说了些什么，我该如何面对这群穷追不舍的人！你看，我的幻想是多么地跳跃、不可靠。“您是《小扫帚历险记》的作者？”在那似乎非常漫长的片刻焦虑后，她问道。她继而告诉我，这几本图画书是她的床头书。

后来，我在斯坦恩画廊举办了画展。之后好几年，同行们总是半遮半掩地向我打听，怎样成为这家知名画廊的合作艺术家。我的答案是：托了《小扫帚历险记》的福。如果说，我的童书创作得益于我的平面造型艺术功底，反过来，是童书让我有机会进入斯坦恩画廊。

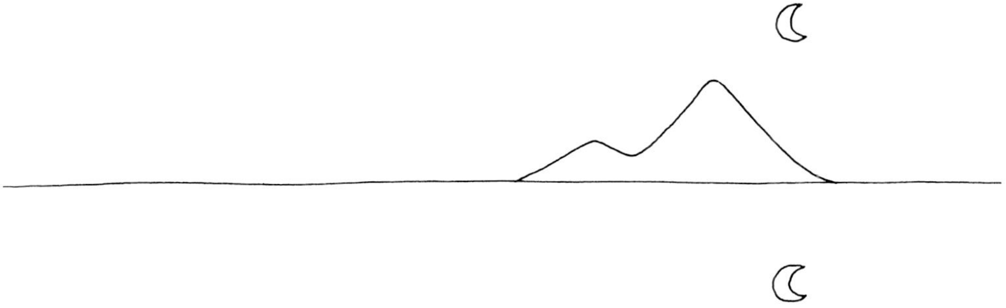

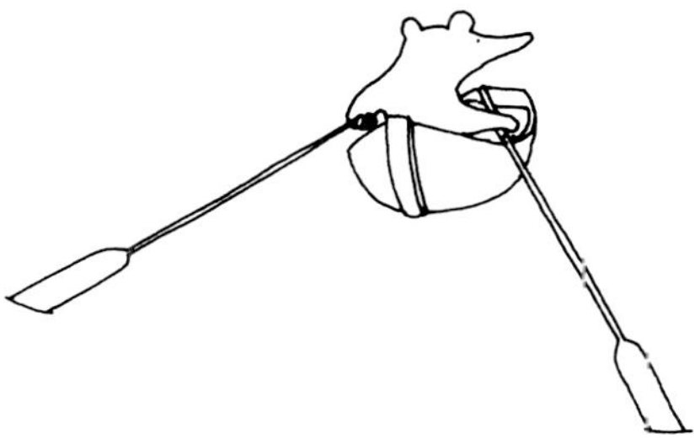

对页图：这幅图看似空空如也，但寥寥数笔丝毫不显得空荡。（艾姿碧塔绘制）

上图和左图：《夏天谜语》（*Summer riddles*）和《小扫帚历险记》插图。这两幅图画的是小扫帚在追逐月亮。在不知不觉间，月亮这个意象出现在了我所有的图画书中。

对页图：这个广告创意来自棋盘游戏，上面的人物来自我的图画书。

Les images

图像

我力求创作独一无二的童书，无法忍受重复和无聊。一直以来，多变的叙述技巧是我的创作特色之一，也是评论者关注的焦点。但是渐渐地，人们又认为，在丰富多彩的形式背后，我的创作在内涵和风格上是统一的。就这样，多样性和统一性这对看似相悖相反的特点，在我的书中达到了相辅相成的效果。实际上，我没有刻意地追求统一，它来自我对童年的理解，即便这种理解多半是无意识的。

不仅如此，我的造型艺术与童书创作之间也存在天渊之别，但两者并不是风格的差异，而是性质完全不同。童书插画突出的是图像，属于应用美术。应用美术之于艺术领域，正如科学技术之于基础研究。印刷技术便利了图像的大批量复制，但良莠不齐，鱼龙混杂。印刷工业犹如普洛克路斯忒斯之床[1]，生产的图像必然是一刀切。而且，图像的质量取决于运气。作品一旦进入了印刷厂，便脱离了艺术家的掌控，因为艺术家对印刷技术往往一无所知。

[1] 普洛克路斯忒斯是希腊神话中的强盗。他劫持旅行者，将之绑在床上。如果旅行者比床长，他就将之截肢。反之，将之拉长。因此，“普洛克路斯忒斯之床”常用来形容不分青红皂白，强求一致。

对页图：《克伦比娜的爱情》（*Un amour de Colombine*）插图。

左图：艾姿碧塔草图。

根据不同的内容，我采用相应的图画风格。每个主题都有它的特点，预先画好插图是毫无意义的，因为每本书的情况大相径庭。为了避免重复，每次创作都应该如同一场冒险，重复创作相当于生产伪劣产品。

其实，改变风格真的那么令人惊讶吗？生活中，每个人都不假思索地切换着书写风格，比如写情书必然迥异于写求职信。那为什么视觉领域是个例外呢？对于诙谐和严肃两种不同的主题，为什么要采用同样的画法呢？当然，掌握丰富的技巧绝非易事，而且往往吃力不讨好，因为人们难以相信两种泾渭分明的风格出于一人之手。其实，我完全可以依循早期作品的风格，不做改变，但是我无法遏制探索的欲望。无论如何，我选择创新。

左图和对页图：“卡蒂米妮”（*Catimini*）系列图画书插图。

我认为，如果一个艺术家毕生使用单一的技法，意味着他既没有发挥潜能，也没有拓展智识。他们之所以这样选择，当然不会只有唯一的理由。况且我深知，固守同一的风格有千万种正当理由。很多人认为，童书只适合肤浅易懂的技巧，因为相对于成人，儿童是发育不全的人。我呢，正如我不认为花朵是尚未长成的果实，同样我也不认为儿童是有待完善的人。相反，儿童的生命在每一个阶段都是饱满的、完整的。成年并不是童年的进阶版，因为童年虽然消失了，但它具有春风化雨的无形力量，滋养润泽着成年。人的成长不同于毛毛虫或其他软体动物，后者轻而易举地蜕皮，就像换衣服那样简单。但人的成长变化并非一蹴而就、一目了然的，甚至还没有月亮的阴晴圆缺来得显著。

大人在讨论图画书时，常常感叹：“太美了，但少儿不宜！”“小孩看不

懂这样的书！”言下之意不外乎是：“您这是在浪费时间，儿童理解力有限，只适合读一目了然的东西。”说得言之凿凿，好像我们大人没体验过那种超越理性分析的直觉审美愉悦似的。其实，谁又能毫不含糊地讲述自己对四重奏的体悟，一五一十地讨论自己对《哈姆雷特》的理解呢？

我的创作既扎根当下，也展望未来，我并不是一开头就知道它会在何时开花，在何处结果。但是我知道，在童书领域（何况对孩子来说，我们是陌生人），最重要的是探索。经过一段时间的观察，我得出如下结论：如果童书不能在艺术上有所创新，那么它承载更多的就是延续知识、传承文化。通过童书，孩子们学习人类的图像和文字历史，也就是说全部的历史；通过童书，他们的历史意识得以萌发：“很久很久以前……”因此，我刻意把自己的双重身份区分开来：艺术家和童书作者。在童书里，我绘制并讲述已知；

左图和对页图：《鹿角精灵和忧伤的人》(*Dikou et le tristounet*) 插图。

而在造型艺术里，我探索未知。其实刚开始，对于这个外界强加的区分，我多少有点儿心不甘情不愿。要知道，即使在童书领域，我的本能也是倾向于探索和实验。但一番深思熟虑后我意识到，这个区分是有必要的：正如大人渴望重新体验从头开始的新鲜感，反过来孩子也需要了解历史，鉴往以知来。

后来我也想通了，这种区分从艺术层面上也是说得过去的。童书好比图像的避风港或博物馆，保留了不少被造型艺术淘汰的技法。而且，造型艺术曾经盛行一种恐怖主义，即追捧抽象艺术，摒弃具象风格。在很长一段时间里，具象画在高端艺术画廊几近绝迹，硕果仅存的几个也无人问津。只有在印刷品尤其是童书里，具象画才欣欣向荣，根深叶茂，不可撼动。实际上，图画书很少有完全抽象的风格。三十年河东三十年河西，如今具象画卷土重来，在画廊里占了一席之地，但它与童书插画依然有着很大差异。

图画书插画具体生动，且风格多变，给人带来了丰富的阅读感受。同时，它也有助于孩子熟悉并掌握描绘性符码。仅仅翻阅几本图画书，普通读者也能在不知不觉中学到一些图像语言。而那些图画书爱好者对图画的叙述方式了如指掌，无论书籍是何种风格、呈现方式（素描、版画、水墨画、水彩画等），他们都能娓娓道来。

因此，图画书是很好的图像启蒙工具，我决定充分发挥这个优势。而且，这个领域的探索方兴未艾，我随心所欲地借鉴今昔的描绘技法，悠游在远近古今的艺术之路上，兴之所至，行于所当行，止于不可不止。换句话说，我或明或暗地援引旧图像，不是为了超越，而是为了将来故地重游，现在沿途撒下一些石子，作为记号。

左图：《刮刮亮片》草图。

对页图：《被施了魔法的神秘猫》（*Le mystère du chat ensorcelé*）插图。

其实，把图画书称为“童书”，我是存疑的。虽然人们约定俗成，用“童书”来指代图画书，但很多购买者往往是成人。儿童不过是一个幌子，方便成人光明正大地光顾童书专柜。图画书通俗易懂，一些在成人世界被排斥的现象，在这儿可以大大方方地展现。其实，不少大人是很怀念这种温馨的：图画书里有着一个田园牧歌式的想象世界，充满了怀旧的风格和感伤的氛围。在这儿，他们可以暂时悬置理性知识，直抒胸臆。正如周日的卢森堡公园里，有不少爸爸甚至爷爷一边推着婴儿车，一边吃着棉花糖，玩着滚铁环。在生活中，我也常常遇到成年的图画书爱好者。这并不奇怪，因为图画书、博物馆和画廊呈现的都是固定的图像，但相比后两者，批量生产的图画书物美价廉，可以人手一本。

对页图：《光屁股小猪》（*Un porcelet tout nu*）插图。

上图：艾姿碧塔草图。

Le mouton mystérieux

神秘绵羊

作为图画书作者，我常常被问到的就是创作的过程：叙述线是图画还是文字？理念是图像性的，还是文字性的？创作是从图像开始还是从文字开始？等等。我想，锲而不舍的追问来源于某种令人感动的愿望，即想要搞清楚无中生有的创作到底是怎么一回事。那么，创作者如何满足人们的好奇心呢？至少，我试图化解某些误解。比如人们误以为，故事在写出来以前，已经储存在作者的脑海里，作家仅仅是将头脑里成熟的构思写在纸上。假如这是事实，那我们就是受到缪斯女神眷顾的工匠，戴着一副神奇的眼镜，只需要看着白纸，奇妙的想法就会自然而然地呈现。

其实，我所有的图画书都始于一个理念，一个虚无缥缈的东西。理念是五花八门的：图像、主题、字词或名字等。就拿《刮刮亮片》来说，灵感来自一个不经意的动作：有一天，我从脸上拂拭下一小块不知在哪儿沾到的亮片。我灵机一动，不禁浮想联翩，谁才配得上亮片？当然是小丑。于是一个名叫“刮刮亮片”的小丑就这么诞生了，并逐渐变成一种自然而然的东西、一个人物形象、一种逻辑自洽。这个形象刚刚诞生，我就不能对他为所欲为了。他身材矮小，是一个小丑，当然也很友善。他要求我为他量身定制一个故事，画上合身的衣服。他必须是脆弱的，还有点儿疯疯癫癫，因此得有个人照料他。这个人最好是他的奶奶。你们一定也赞成，一个小丑的奶奶当然也是个小丑。

《巫婆的魔法书》的灵感来源又是另一个故事。当时我希望创作这样一本图画书：在图像上，通过纸张的质地来呈现奇特的视觉效果；在文字上，借鉴我的偶像安布鲁瓦兹·帕雷（Ambroise Paré，1510—1590）的语言风格。帕雷代表着他那个时代的医学和科学高峰，至今他的大名仍然能唤起人们的尊敬，他的名字也常常被镌刻在医院的门楣上。作为一位十六世纪的外科医生，他开放的精神遥遥领先同行。鉴于当时一般的科学和医学水平，他的很多观念让那些最冷血的人也毛骨悚然。最重要的是，他点燃了我的怀疑精神，人们常常认为，千锤百炼的真理是不容置疑的。我却心存疑虑，不以为然。总之，我从帕雷的其人其事中学习到了怀疑精神。

另一本图画书的诞生则来自一则同行的趣闻。有一天，娜奈·斯坦恩问俄罗斯画家波里亚科夫："你打哪儿来？"其实，我已记不清楚这个画家的名字了，他有可能叫马斯洛夫。总之，当时有一群俄罗斯画家出入斯坦恩画

对页图：《刮刮亮片》插图。

下图： 迪克是鹿角精灵，喜欢在晚上去冒险。他算是我作品里最奇特的人物，连我自己都不清楚他从何而来。

左页图和对页图：艾姿碧塔插画。

廊，他是其中之一。这群画家的大名既来自他们高水平的画作，也来自他们法语措辞的轻率冒失。这不，这位波里亚科夫卷着舌头，满口颤音地回答："去了比利时，看到了一幅无与伦比的画——《神秘绵羊》[1]。"随后，斯坦恩向我讲述了这件逸闻，即俄罗斯画家如何给凡·艾克的名画《天主羔羊》安上新名字"神秘绵羊"[2]。我从中得到启发，决定围绕这个奇怪的动物来创作一本图画书。故事讲述了"神秘绵羊"夜访迪克，后者是我好几本图画书的主人公。

如果说，灵感大多来源于机缘凑泊，那么我在创作中严格地遵从两条规则：第一，永远不要欺骗；第二，永远不让自己无聊。当然，"严格地遵从"并不是恰当的词汇，听起来好比一种强制，但实际上这是一种必要。如果我在创作之初就已经感到无聊，那么成品传递给读者的也只会是无聊。相反的，如果我在创作时渐入佳境，感觉有滋有味，那么这种乐趣很有可能感染读者。

[1] 又名《根特祭坛画》，由十五世纪尼德兰画家凡·艾克绘制，展现了耶稣诞生等情景，现藏于比利时根特·辛特·巴夫大教堂。

[2] 《天主羔羊》的法语原文是"l'Agneau mystique"，但到了俄罗斯画家的口中就成了"le mouton mystérieux"（神秘绵羊）。虽然在普通语境下，"agneau"（羔羊）和"mouton"（绵羊），"mystique"（玄秘）和"mystérieur"（神秘）是近义词，但是"agneau"和"mystique"带有浓厚的宗教意味，在这里分别特指耶稣和基督教的神秘，因此不可以随便替换。这个例子生动地说明了俄罗斯画家法语措辞的随意。

总的来说，著文绘图的过程喜忧参半，有苦有乐。但是无论如何，我发誓永远不要变成一个忘记童年的大人。而童年的本质就是游戏，不是吗？所以让我们在创作中尽情地游戏。但是，这并不意味着我的创作态度是幼稚的，幼稚恰恰是最令人讨厌的。

不，让我们尽情地玩耍，带着成年人的成熟和睿智，放开手脚地玩起来。只有这样，我们才能带给孩子一些他们暂时无法获得的东西。

但是，开始一场游戏，意味着开启一个体系，每一个体系都是自有逻辑的。这时，时间会让这个逻辑慢慢显现。正如绘画，第一笔是基础。接下来的每一笔都像搭扑克牌城堡，还得搭建得牢靠！同时，必须时刻观察，用支柱撑住有坍塌危险的地方，注意逻辑的浮现。事先，我并不知道将发生什么，只好一边等待，一边期盼。每次动笔的时候，我在头脑里排列组合着各种元素，但似乎毫无成效，还不如洗手不干了呢。有时，焦灼的构思过程还很漫长。因此，我无法预计一本书的创作时间。人们经常问我，而我只能回答：酝酿是否算数？它难道不算最重要的部分吗？要不要把午睡也算进去？偶尔，正是在午睡时，解决方法灵光一现。据说，在摩洛哥乡下，算命先生的做法如出一辙：在接待客人之前，他们先小睡片刻。如果说，算命先生的故事能让人站着打瞌睡，那么我的故事就能哄小孩躺着睡觉喽。

最令人惊讶的是，作品一旦完成，就会自然而然地呈现清晰的逻辑。我常常惊叹，自己写出来的东西完整而清晰，仿佛事先一切都被安排得一清二楚。但实际上恰恰相反。很多时候，我是摸着石头过河，几经探索，才能明白各要素的配合。而且，恰恰是这种摸不着头脑，才让我变得更有创造力，因为在问题与答案这两点之间，很多创造力被激发和释放。可以说，艺术家的努力就是尽可能早地开启创造力，尽可能长地延续这个过程。程抱一[1]在《虚与实》（*Vide et plein*）中写道："没有虚……包孕着节奏和颜色的线条就无法彰显其潜能。"因此，在创作中，虚是必不可少的宝贵品质，而且作品的虚留给了读者独立思考的空间。

我每每在构思之初，情往似赠，兴来如答，灵感纷至沓来，思维异常活跃。似乎胸臆中有着千头万绪，有待整理，最难的往往是最具启发的。比如，假设现在突然没有开本和页数的限制，我反倒觉得别扭。但是，在人们的观念里，这些限制阻碍了创作的自由。事实则恰恰相反，一直以来，这些基本

---

[1] 程抱一（1929—）是旅法学者、作家，是法兰西学院唯一的华裔院士，代表作有《天一言》《此情可待》《石涛，人间趣味》。

的结构助推了我的创作。就拿我早期的一套书来说，那家美国出版社一开始就罗列了页面布局和页边距等要求，而这些要求也成为后期创作有迹可循的轨道。试想，如果没有这些限制，怎样才能知道在哪儿画上句号？规矩是什么？依据又是什么呢？

而且，这些最初的经验让我学到了一些出版知识。工业化的印刷和装订，无可避免地受到机器支配。也就是说，在起点上，我怀着倾诉衷肠的心情，独自在工作室里孜孜不倦地写呀画呀，而在终点上，读者捧着这本书，手不释卷。在这一头一尾之间，发生了一系列完全超出我掌控范围的事情。

从印刷的技术层面来看，开本非常重要，合适的开本会避免浪费太多的纸张，因为纸张成本在书籍制作中占据不少分量。而且，我认为开本也影响了作品本身的构思。它是众多需要确定的图书元素之一，并且与其他元素相互关联。这些元素包括厚度、页面上人物的大小、媒材、色彩、叙述风格和排版，等等。

在视觉层面，开本决定一切。这并不是什么新鲜事。早在出版行业规范化以前，画布框行业对油画的尺寸做了三种分类：人像画、风景画和海景画。

不同的高度与宽度适合不同的题材。在图书制作领域，相关参数不是以题材来决定的，它主要受制于印刷工业的一些硬性标准，比如装订设备的限制、纸张的常用开数。因此，假设哪一天有人告诉我，书籍的包装和书店的书架也会对书籍制作产生影响，我认为这再正常不过了。

进一步，在图与图、图与文的关系上，开本也是决定性的因素。比如我的某本图画书，需要呈现浪迹天涯、志在远方之感。为了营造这种氛围，我选择了中等大小的开本，但内页的图案横跨了两个对页。在我的作品里，这种布局实属罕见。我特意选取了这种布局，使得插画具有海洋油画般的宽幅。而且，页面底部的文字排成长条，加强了宽广开阔的印象。通过这种不同寻常的方式，画中人互相疏离，同时也牵引着读者的视线，目之所及即是页面的最大宽幅。

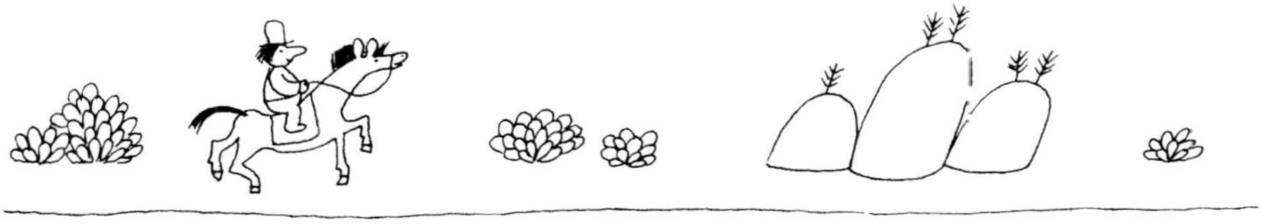

和开本同样重要的，是书的呈现效果以及所用的技巧。在提笔之前，我必须确定插画的风格，以奠定全书的基调。只要没拿准这一点，我就无法进入创作。一直以来，风格和文本写作是让我最头疼的两个问题。

记得刚开始接触童书，我会用铅笔画出全书的草图，但事实证明，这种方式难以为继。后来我改弦更张，变换了方法：一旦文字和插图初具规模，我就会草拟一个简略的方格图，标上图画书的页数。每当画完一个页面，我就在相应的方格内打钩。通常，页面的完成顺序也不完全依循故事的发展。当所有的方格都被打上了钩，书就完成了。实际上，示意图因人而异，适合插画家的工作方法不一定适合小说家。比如，我的示意图就不是内容的铺陈，而是逐页逐句地组合图像视觉和文字叙述。

对页图：叔祖父艾德蒙。他年纪小小，穿着童装，但他已经配备了各种战场装备：马、号角和指挥棒。后来，他参加了第一次世界大战，死于毒气。因此，我只在照片上见过他。照片的背景是历经二战的层层审查后，保留下来的信件。

往往提笔之初，我神思丰沛，思接千载，视通万里，但最后半折心始，落笔成文的东西寥寥无几。我咬文嚼字,希望每字每句都恰到好处。长久以来，在文字写作这一块，我都是举步维艰：文本创作好比拼图，一边要自制图块，一边还要拼成图案。如果说，在画画上，我是得心应手的，那么在文字表达上，我就有点儿捉襟见肘了。我不得不把想到的字句全部写下来，因此我的大量草稿都是字稿，很少有画稿。实际上，我对写作这一块是慎之又慎，其重视程度远超过插画。我希望自己的故事绘声绘色，即便是盲童，也有身临其境之感。当然，无字书并不涉及文字写作这一块。

如此说来，在文字方面，我多少有点儿心有余而力不足，写作耗费了我大量的精力。而且，这方面我也没什么出奇制胜的招数，更多地取决于机缘巧合。相反，在图画这一块，我是如鱼得水的，凡是视觉的东西，我总能举重若轻，得心应手。

PORTUGUESA
LUZ E RÁDIO
12.40.21 H
Secção
-8.12.40
OPENED BY
P.C. 90
Geöffnet
Geöffnet
Geöffnet
ATELIER VICTORIA
E.H.L.
MÜLHAUSEN i/E.
RIEDISHEIMER STR.15,
VAUBAN STR.79.

爱德华·马奈[1]《吹笛少年》(法国巴黎奥赛美术馆收藏)

[1] 爱德华·马奈(Édouard Manet,1832—1883)是法国画家,受到日本浮世绘和西班牙画风的影响,用色大胆鲜明,极具创新性,深刻地影响了莫奈、塞尚等新兴画家,是印象派的奠基人之一。代表作有《草地上的午餐》《奥林匹亚》《福利·贝热尔的吧台》《瓦伦西的劳拉》。

La haie d'épine

带刺篱笆

几年前，我无意中走进了国家摄影中心[1]，误打误撞地参观了一个展览。我惊讶地发现，这些老照片乌黑乌黑的，由于拍摄角度太远，除了一些模模糊糊的植被，几乎什么都看不清。我拿起挂在旁边的放大镜一看，才明白这是航拍照片。我又仔细看了一会儿，发现在照片上的空旷区域里，有着一排排整整齐齐的白色光斑。它们看起来像一排排的小木桩，排成规则的几何形状，让人印象深刻。我又仔细看了一会儿，终于明白这是一群并排躺在地上的人。我再一看解说文字，原来这些照片拍摄于美国南北战争时期。摄影师来自阿尔萨斯，他同时也是间谍，坐在热气球上冒死拍下了这些照片。那些形同显微镜下的细菌一样大小的“木桩”，其实就是参战士兵。在这群密密麻麻的人周围是一片广袤之地。

这位居高临下的观察者在想什么呢？他俯视着战场，好比化学家俯视着试验台。实际上，即使是老鹰或云雀，或是想象骑在鹅背上俯视战场的厄尔斯，看到这触目惊心的一幕，大概也不会无动于衷：这些生命看起来像染色体一般渺小，他们不是躲开而是聚拢，众志成城地实现一个共同赴死的目标。这种情景有点儿匪夷所思，因为在这片空旷之地，人受求生的本能驱使，更易于四处逃窜，而非齐刷刷地跑来送死。表面上，敌对双方有着不可调和的矛盾；实际上，任何战争都必须经由敌对双方的首肯，才能爆发。至今，我依然无法理解，究竟是什么让双方纠缠在一起，不是杀人，就是被杀？

[1] 法国国家摄影中心由法国文化部管理，致力于推动摄影和当代艺术的发展。

左图： 保罗 · 科林[1]《嘘，敌人正在监视你们的秘密谈话》，创作于1940 年。

对页图：《弗隆和缪塞特》草图。（艾姿碧塔绘制）

《弗隆和缪塞特》没有涉及我的身世，唯一的自传成分就是那扇窗户，让人想起我小时候听教母讲故事的那扇窗户。这本书写了某些难以名状的东西，但童年的战争经历让我对之了如指掌。不可否认，战争的形成有着历史、经济、意识形态的原因。而且，我创作的初衷恰恰来源于这些成年人的逻辑。但是，这忽略了我童年的所想所感。从童年直至青春期，我心怀愤怒。时至今日，我依然不能释怀：成年人总是要求我对童年经历保持沉默。人们总是轻描淡写地说："真遗憾你没经历过战争。你那时候还只是个小姑娘……"他们不约而同地认为，关于战争我没有发言权，或者孩子的感受是无足轻重的。我决定反其道而行之，拒绝认同儿童的战时体验是幼稚的这种说法。而且，我要与小读者分享这种体验，哪怕仅此一次。

[1] 保罗·科林（Paul Colin，1892—1985）是法国著名的海报设计师。

ELZBIETA

REPUBLIQUE
POSTES

对页图： 被千挑万选出来的士兵，他们穿上军装，拿起武器，去杀人或被杀。（艾姿碧塔收藏）

这场诅咒的真正未解之谜

“

成年人喋喋不休地探讨引发战争的经济、社会和政治原因。同时，他们谴责挑起战争的罪魁祸首，分析各种大事件，批判或者粉饰罪行。但一切都无济于事，他们无力阻止悲剧的重演。而孩子们常常暗自思考这场诅咒的真正未解之谜。

孩子犹如一张白纸，既没有受到意识形态的蛊惑，又没有受到怀旧情绪的感染。因此，他们会直截了当地思考下列基本事实：什么是战争？有什么理由，虽然看似荒谬，但说服力甚至超过了人们对孩子的爱？是什么让人们心甘情愿地接受失去一切，包括生命？什么是残忍？为什么选定这群人而非那群人为敌人？根据什么断定他们的本性是邪恶的？如果他们是邪恶的，哪天会发生奇迹，通过战争的成败胜负，将他们洗白吗？

针对这些问题，成年人没有更好的答案，孩子们是心知肚明的。他们隐约地感到，对罪犯或受害者的划分，常常是武断的。即便如此，出于忠诚，他们尝试追随成年人的逻辑，在被指定为敌人的群体身上，寻找罪有应得的蛛丝马迹。

——艾姿碧塔，1993 年 12 月《南瓜周刊》（*Citrouille*）”

Poselstwo
zeczypospolitej Polskiej
w Kownie
Légation de Pologne
à Kaunas
Nr. K.154/1/39

aświadczenie niniejsze zostało wy
da wobec braku książeczek paszporto-
wy i uprawnia do wyjazdu za granicę.

Le présent certificat est delivré
vu e manque des livrets de passeports
et utorise de se rendre à l'étranger.

POSELSTWO POLSKIE W KOWNIE

Zaświadczenie
Certificat

左图和对页图：这是我保存的护照，以及相关证件。战争前夕，我们携带着这些证件，逃到了国外。（艾姿碧塔收藏）

关于《弗隆和缪塞特》，我的创作初衷和后来的成书大相径庭。起初，我打算通过侵犯、复仇等大场景来表现暴力、愤怒和谴责，并且通过图画来揭示疆域的变化。总之，最初的理念比较空泛，而且缺乏新意。幸运的是，在不断地重温童年经历中，我有了一个崭新的想法：以个人体验为蓝本，讲述一段不为人知的故事。在创作的过程中，我的很多看法发生了一百八十度的大转弯，比如对战争的本质及其作用的认识。

自从这本书问世以来，人们常常邀请我向孩子们解释战争。这可不是简单的事。问题不正是我们恰恰对此一无所知吗？我们重新审视战争，它好像变成了活物，类似细菌、霉菌或地衣，在一股暗黑的力量下分解、腐烂。或许是缺少遮阴？或许是湿气太重？或许是不可见的寄生物在不断蚕食？或许是从边缘开始的侵蚀？或许是源于内部的腐烂斑？这个活动似乎永无止境，周而复始，不断地呼应某种难以言明的需要，让人筋疲力尽。

照片上的纸片破破烂烂，上面写满了各种语言：拉脱维亚语、立陶宛语、瑞典语、挪威语、爱沙尼亚语、英语、法语等。纸上也盖满了各种形状的图章：圆的、三角形的、正方形的、尖的等。斑驳的纸片向我们讲述了一场跨国逃难：二战前夕，我母亲带着两个女儿和爱犬皮姆，穿越多国，从波兰东部逃到了法国。

Läbisõidul keelatud peatuda Harju, Lääne ja Saare maakonnas

TRANSIIT VIISA

WIERZBICKA, Marcela ühes kahe lapsega

№ 467 Makstud Lt. 3.20 Taxe perçue

Nähtud Eesti Saatkonnas Kaunases
Vu à la Légation d'Estonie à Kaunas
Kõlbab läbisõiduks Eestist
Pour le transit par l'Estonie
kuni 8. novembrini 1939
valable jusqu'au 8 novembre
Peale piirist ülesõidu maksev peatuseks 48 tundi
Après passage de la frontière valable pour un séjour de 48 heures
(arv sõnades / en lettres) (päeva, kuud / jours, mois)
Kaunases, 25. X 1939 a.

Chargé d'Affaires a.i. d'Estonie

VABARIIGI SAATKOND KAUNASES

Visa № 1295

cejojumam Latvijā
tiesību katrā cejojumā uzturēties Latvijā
Derīga līdz 1939 g. 2 novembrim
pour voyage à travers la Lettonie
avec le droit d'y séjourner
Valable jusqu'au 2 novembre 1939
Cejojuma iemesls: tranzīts uz Zviedriju
But du voyage:
Nodeva Ls 3.25 saņemta (Kons. tax perçue)
Kaunas 1. novembrī 1939

Sūtniecības I sekretārs

LATVIJAS SŪTNIECĪBA KAUNĀ

IEBRAUCIS 2 NOV 1939 Meitenes stacija

IZBRAUCIS -2 NOV 1939 RĪGAS OSTA

Vierzbicka Marcelė

VIZA № 49
Tinka keliauti vieną kartą iš Lietuvos pro bet kurią valdžios nustatytą sienos peržengimo vietą į užsienį
nuo dienos išdavimo iki 1939 m. gruodžio mėn. 18 d.
Ukmergė 1939 m. spalių mėn. 19 d.
Ukmergės apskrities Viršininkas

JONIŠKIS geležink. stotis 1939 XI. -1. IŠVYKSTANT

-7. NOV. 1939

TYNE PORTS

IMMIGRATION OFFICER (8) EMBARKED 12NOV1939 FOLKESTONE

M-me Marcela Wierzbicka accompagnée de ses deux enfants

Légation / Consulat de France à Kaunas № 1393

VISA d'ENTRÉE
utilisable pour le franchissement de la frontière
jusqu'au 23 Nov. 1939
Valable pour un seul voyage
et un séjour en France
de ne pouvant excéder trois mois
à dater du passage à la frontière française.
Motif du voyage : affaires personnelles
Fait à Kaunas, le 24 oct. 1939
Pour le Ministre de France et p. o.
Le Vice-Consul

AFFAIRES ÉTRANGÈRES GRATIS

N:r 695.
Gäller för direkt resa genom Sverige
från Litauen
till Frankrike
före den tionde november 1939.
Kaunas den 25/10 1939

Chargé d'Affaires.
Avgift kr. 3:40

LÉGATION DE SUÈDE

Utrest -6 NOV. 1939 Charlottenberg.

4 NOV. 1939 STOCKHOLM

23385/86

Vierzbicka Marcele
VIZA № 49
Tinka keliauti viena kartų iš Lietuvos pro bet kurią valdžios nustatytą sienos peržengimo vietą
i užsienį
M-me Marcela Wierzbicka accompagnée de ses deux enfants
Consulat de France à Kaunas. N° 1393
VISA d'ENTRÉE
utilisable pour le franchissement de la frontière
JONIŠKIS 1939 XI -1.
Utr. -7. NOV. 1939 BERGEN
Transit Visum nr. 388
Gyldig for reise fra
WIERZBICKA
Rok urodzenia 1910
Date de naissance
Miejsce urodzenia Colmar
Lieu de naissance
Stan mężatka
État civil
Zatrudnienie
Profession
PASSKONTROLL 6. NOV. 1939
KAUNAS
W KOWNIE
Data
Date 3 PAŹ 1938

右图一： 我小时候的照片。我记得摄影师告诉我，会飞来一只鸟。可是，那只鸟始终没有出现。

右图二： 这张照片出自我的家庭相册，但是没人知道这个军号吹奏者是谁，参与了哪些战役。

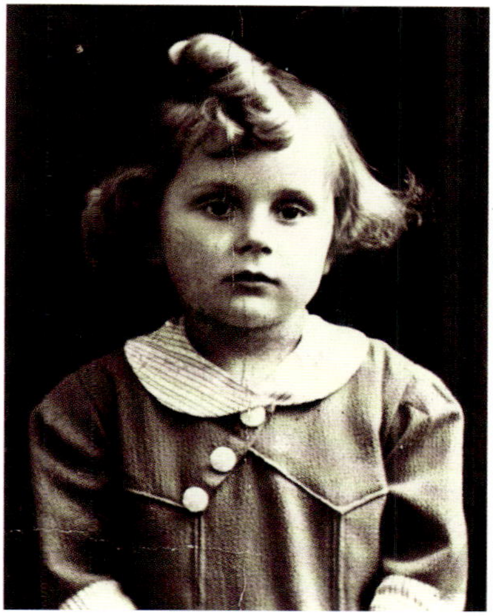

对页上这些发黄的老照片记录了我父亲对异国他乡的好感。他经过这些国家，沿途拍下了风土人情。这场旅程是如此漫长，远远超出了他的预期。他的妻儿正在穿越极光诞生的北国地区，而他走的路线恰恰相反：他随着自己的飞行大队，翱翔在欧洲南部地区的天空上，飞越那片远方楼宇依稀可见的大海。

每当收到从世界另一头寄来的只言片语，我总是爱不释手。我确信无疑，这份问候出自朋友之手，而我是它的收件人。即便隔着千山万水，我们依然有办法追寻彼此，重逢并相认。就这样，在对彼此的命运一无所知的情况下，通过截然不同的路途，我们终于在法国短暂地团聚：父亲、母亲和孩子。在阿尔萨斯我的教母家里，全家一起庆祝了圣·尼古拉节。也许是圣诞节，我记不太清楚。至今，我还珍藏着当时父亲送给我的礼物——一个塑料洋娃娃，只是它早已在岁月的流转中变得破旧不堪。

左图：《弗隆和缪塞特》草图。
对页图：《弗隆和缪塞特》草图。这张图展现的战争场面，是向海关职员卢梭的隐秘致敬[1]。

第二天一早，父母和姐姐就离开了我，我的最后一段波兰生活也随即画上句号。没多久，阿尔萨斯被德国吞并。家人和我中断了联系，天各一方，我开始了德意志第三帝国[2]的生活。

在米卢斯的时候，大人常常教我，如果盖世太保询问我父亲的去向，我要装作什么都不知道。于是，我不断地演练着如下对话。警察问："你的爸爸在哪里？他是做什么的？"我摇着头，一脸天真地回答："Ich weiss nicht."[3]

其实，父亲长期不在身边，加上我年纪又小，我很快就把他忘了。即便如此，我依稀记得一些零星的事情。大人告诫我，为了不被抓走，我必须闭口不提父亲。但是每次听到飞机的轰鸣声，我都会兴冲冲地跑出去看个究竟。有时候，这些轰鸣的庞然大物会低空扫射，飞得那么低，擦着栗子树梢呼啸而去。这时，飞行员的脸在我眼前一晃而过。他是不是父亲呢？他是来找我的吗？他知道我的新家地址吗？

即便外面硝烟弥漫，轰鸣不断，家里依然一丝不乱：碗橱里的餐具整齐地摆放着，鸭绒脚垫被拍得蓬蓬松松的，一尘不染的家具打着蜡，星期天用的桌布熨得平平整整，玻璃窗上没有任何苍蝇屎，马口铁盒里放着饼干，使用多年的全套瓷器光洁如新，锌合金浴缸上没有一个磕痕，掸过灰尘的门毯

[1] 此处指卢梭作于1894年的名画《战争：不协调的骑士》，现藏于法国巴黎奥赛美术馆。
[2] 又名纳粹德国，统治时期从1933年到1945年。
[3] 德语意为"我不知道。"

右图：轰炸后的米卢斯邮局废墟。（艾姿碧塔收藏）

对页图：《弗隆和缪塞特》插图。

干干净净，袜子、手绢、衬衫上没有一个漏补的破洞；黄铜烛台被擦得锃亮，在警报拉响的夜晚，它就派上了用场，照亮通向地窖的路。因为，对于这些必不可少的生活用品，我们格外珍重，小心使用。

一顿狂轰滥炸之后，有人从窗下走过。这扇窗曾是我无数次张望的地方，通过这扇窗，我们获知了很多好消息。这次，我们得到的消息却是：市中心一片火海。

为什么我们要去看那副惨状呢？上帝啊！一切都被摧毁了，倒塌了，四周浓烟滚滚，烈焰逼人……那时教母已经聋了大半，我必须大声地跟她说话。我训练有素，知道怎么样让她听见我的声音。我站在这片废墟前，面对满目疮痍，巨大的恐惧如潮水般袭来，击垮了我一向的坚韧和克制，我情不自禁地放声大哭。

我和教母站在那里，周围断瓦残垣，浓烟弥漫，火光冲天。众人乱成一团，手忙脚乱地扑火。我站在那里，哭喊个不停。任何人或任何东西都不足以安慰我，让我停止哭泣。无论是教母，还是救援队员，甚至是那些消防员，不惜扔下十万火急的救火任务，跑来安慰我。但是，一切都无济于事。

在远离米卢斯的地方，和弗隆的父亲一样，我的父亲也被授予了两枚勋章。他在执行一次轰炸任务时，在德国上空牺牲了。他去世没多久，我的母亲收到一封信，里面装着荣誉勋章，并附了一封信函。

左图：斯人曾在，斯人已逝。这张照片见证了生命的神秘。（艾姿碧塔收藏）
对页图：《弗隆和缪塞特》插图。

尊敬的女士：

令亲自参战以来，英勇杀敌，迭著战功，实为民族英雄，军人楷模。此次不幸为国捐躯，本部深为惋悼，谨向忠烈家属吊唁慰问，授予波兰军功十字勋章和英勇十字勋章，以慰英魂。

又，令亲在军官食堂，尚欠款八先令六便士[1]。望阁下尽早结清为盼。

深致哀悼，尚望节哀顺变。

我有个姑妈，与先父感情极深。就是她给我解释了战死沙场的真实意义。她告诉我，她的丈夫也参加了抵抗运动，被授予军功十字勋章，这是波兰的最高荣誉。

我插嘴："我爸爸也有这个勋章。"姑妈摇了摇头："是这样的。你父亲是死后才被追赠的，和生前被授勋不是一回事。他之所以会有这项荣誉，只是因为他阵亡了！"

于是，我明白了一件事。只有活着，才算真正的英雄。众人吹捧的所谓死后荣光，不过是骗人的鬼话。

[1] 不考虑汇率，八先令六便士折合人民币，约为6.2元。

Dans le prochain numéro nous offrirons à nos lectrices DEUX SUPPLEMENTS
HANSI
ON LES ATTEND!
7814
HARMES SUR LE

对页图：童年时代的图像，我印象最深刻的是汉斯[1]的插画；右上角是西庸城堡[2]的照片，我小时候一直对之念念不忘。教母是我祖母的朋友，和她在一起让我有机会接触一个正在消失的世界。

À l'école

在学校里

我热衷于阅读艺术家的简历，尤其是他们的学习经历，以及影响他们的人与事。我发现，与我是野路子出身、自学成才不同，很多同行都津津乐道大师的亲炙，但只字不提在童年和学生时代受到的影响，因为这时目之所及都是日常图像：广告牌、手帕刺绣、面条或香皂的包装袋等。这些东西不属于高雅的学院派文化，我的童年则充满了这些普通的图像，它们在我日后的创作中发挥了不小的作用。因此，我很难区分哪些图像高雅，哪些图像凡俗。我脱口而出的例子都同样重要，没有贵贱之分：教母的食谱书、瓷器茶杯上画着打阳伞的贵妇、我收集的明信片、西庸城堡的浪漫写真，以及汉斯画册——画里飘扬着代表胜利的法国三色旗，栖息着象征爱国主义的白鹳[3]。二战解放后，在阿尔萨斯地区，汉斯的爱国宣传画再度流行。

---

[1] 全名是让-雅克·沃尔特（Jean-Jacques Waltz，1873—1951），法国插画家，汉斯（Hansi）是他的笔名，以坚定的民族气节闻名。他出生于阿尔萨斯。法国在普法战争战败后，被迫割让洛林和阿尔萨斯两地。为了巩固统治，普鲁士禁止在阿尔萨斯地区教授法语，改教德语。作为一位爱国艺术家，汉斯叔叔笔耕不辍，创作插画来宣扬爱国主义。中国读者所熟知的都德《最后一课》，就是以他为原型。

[2] 瑞士最具代表性的古城堡，建在日内瓦湖突兀的岩石上，给人一种悬浮于湖面的浪漫感觉，历史上获得了不少文人墨客的赞美，如大仲马、雨果和拜伦。

[3] 在阿尔萨斯地区的传统文化里，白鹳是吉祥鸟，象征着好运和幸福。每年春回大地，白鹳会飞回阿尔萨斯筑巢产卵。因此，它也是春天和希望的象征。由于阿尔萨斯多次被德国占领，人们思念祖国，期待回归故土，有童谣曰："白鹳白鹳，幸运的白鹳。年年岁岁，飞过法国。"汉斯叔叔杂糅了传统文化和童谣里的白鹳意象，创作了数幅富有爱国主义精神的白鹳画作。

必须承认，我也喜欢高雅艺术。其中之一是库尔贝[1]的《自画像：和黑狗在一起》。小时候，我翻阅《画报》旧杂志时，偶然发现了这幅画。二十多年后我才知道它的作者是鼎鼎有名的库尔贝。另一个图像是猫牌肥皂的招贴画，它就挂在姨妈家的一个角落里。这个角落有点儿阴森，但是我很喜欢这幅画，因为画着我最喜欢的游戏：吹肥皂泡。这幅画抚慰了我的恐惧，它有可能是雷诺兹[2]画作的复制品。这样说来，虽然我小时候没去过博物馆，但并不缺少图像的滋养。

我并不打算美化自己，塑造一个纯真形象。但是，我从小就着迷于以大写字母“A”起首的“Arts”（艺术）。正是这些早期的图像，向我揭示了人类的奇特能力：从三维切换到二维，而且不张冠李戴。不过，这些具有重大意义的图像，却鲜有杰作。

画家马克斯·恩斯特[3]的儿子吉米，在自传里提到他小时候的卧室，一处墙纸被撕坏了，留下一个奇怪的形状，引发了他的无限遐想；长大之后，他到了美国才发现，父亲的一幅拼贴画直接用了这片墙纸。

[1] 居斯塔夫·库尔贝（Gustave Courbet，1819—1877）是法国画家，现实主义画派的代表，主张艺术扎根现实，擅长发现生活中平凡的美。代表作有《世界的起源》《画室》《采石工人》。

[2] 乔舒亚·雷诺兹（Joshua Reynolds，1723—1792），英国学院派肖像画家，擅长画小孩和家居场景。

[3] 马克斯·恩斯特（Max Ernst，1891—1976），德裔法国画家，被誉为“超现实主义的达·芬奇”。他想象力丰富，不断更新表现手法，运用拼贴画、刮擦法和拓印法创造了一个千变万化的艺术世界。

右图：扑克牌和刺绣花样。（艾姿碧塔收藏）
对页图：殖民时期的香皂广告。（艾姿碧塔收藏）

谁能够想象到，一块撕破的墙纸也能引发如此丰富的想象？但是，成年人即便是没有忽略这个细节，也会视其为瑕疵。因此，大人有什么资格代替孩子来断言什么是适合的儿童读物呢？最普通的斑痕也能激发一个孩子天马行空的想象，将之想象成了一幅艺术作品。

在读图的能力上，孩子和大人的确不同。对孩子来说，不存在所谓的雅俗之分。因此，我从来不排斥普通的图像。我们常常鼓吹审查制度，以避免小孩接触那些被认为粗俗的东西。这种做法真的奏效吗？孩子是足智多谋，无孔不入的。我就认识一个小孩，他只要一看见美孚石油的飞马商标[1]，就想象自己骑着这匹飞马环游世界。我还认识一个少年，他是马拉喀什露天市场的锅匠学徒，他用螺丝刀就能将铁片做成各种小动物形象。它们的形态古朴而新颖，遗憾的是这位少年艺术家却说："这是米老鼠。"正如塞林格[2]小说里的屠夫，小孩的图像品味是兼收并蓄的。对伦勃朗的着迷，并不妨碍他们喜欢迪士尼。

米卢斯刚刚解放不久，诺德菲尔街区的公共学校里来了一位法语老师，接替原来的考夫曼小姐。她有一个棘手的任务：让我们从讲德语转换到讲法语，同时尽量不使用阿尔萨斯方言。我们平时说话就是讲这种方言，但显然，当局并不喜欢它。她做的第一件事就是分发课本。这些课本来自地地道道的法国小孩，那些内地的孩子。他们好心将课本捐赠给我们，以便我们这些身处边境的阿尔萨斯小孩也能了解真正的法语儿童文学。

[1] 美孚石油的飞马商标，使用年限从1932年到1966年。

[2] 杰罗姆·塞林格（Jerome Salinger， 1919—2010）是美国作家，擅长塑造早熟而敏感的青少年形象，其小说《麦田里的守望者》是二十世纪美国文学的经典。

对页图：亚历山大·阿雷克塞耶夫[1]为《安娜·卡列尼娜》创作的版画。

在腥风血雨的日子里，我学会了读书

“ 他们将语言分为两类：可用的和禁用的。而且，他们把书也烧了。我记得，那个冬天异常寒冷。我穿着木鞋，踏着雪，一路小跑到学校。伴随我急匆匆的脚步，肩上背的东西也上下晃动着：小黑板、木质文具盒、用细绳拴着的海绵擦，还有课本。这是我人生第一本书。

刚开始，我的书上印着拉丁字母。但是字母很快就幻化成一片片树莓林。在充满哥特色彩的神秘森林里，住着白雪公主，七个小矮人保护着她，睡美人的城堡也矗立在不远处。

猎人游走在茂密的大森林里，他们一点儿也不像现实世界的大人。这些大人让我小小年纪便饱尝颠沛流离之苦。我好不容易学会的一门语言，转眼间沦为无用，因此被迫又去学另一门新语言。长大后，我创作的书安慰着那些缺爱的小孩。在森林的小路上，王子给大家带来了欢乐，而巫婆也受到了应有的惩罚。”

[1] 亚历山大·阿雷克塞耶夫（Alexandre Alexeieff，1901—1982）是俄裔法籍插画家、版画家，针幕动画的创始人。

下图：摩洛哥的民间艺术。（艾姿碧塔收藏）

对页图：《鹿角精灵和音乐鸟》（*Le troun & l'oiseau-musique*）插图。

我怀疑，所谓的慷慨赠书，其实只是处理那些没人看的旧书。分给我的书是红色封皮的，故事无聊透顶，满是说教的意味。我觉得，这种书恰恰不是写给儿童看的。我立马得出结论，法语是成年人的语言。说实话，把法语和我在童年接触过的其他语言相比，我现在依然有这个想法。这种感觉很难解释，尤其是跟那些从未学过外语的人。只是我们这些"方言"（这是那些不会使用这类语言的人的说法）使用者，常常阻止自己有这种想法。因此，我创作的法语童书，故事总带有一丝异国情调。

我端坐在教室里，用近乎崇拜的眼神看着考夫曼小姐，好比迷信的人们膜拜远方的偶像，等待着奇迹的发生。她长着巫婆一样的鹰钩鼻，拿着一把颇为吓人的戒尺。靠着这两个东西，她出色地教会了我们德语，我们学会阅读罗马字体和哥特字体，并掌握了基本的写作技巧。要知道，这可不是一件容易的事：那时我们班人数众多，有五十四名学生！

Gaspard est attaqué par un inconnu.
Blessé, Gaspard s'est réfugié à la cave.
Gaspard est malade pendant longtemps.

左图：在学校里，我们学习了字母表之后，开始认识家禽。

对页图：《儿童故事》里卡斯帕·豪泽尔[1]的插图。

相比之下，新来的金斯利小姐有很多的优点，我很快就爱上了她。她用湿海绵擦黑板时，长臂一挥，就在黑板上画出了优美的线条。这些线条画转瞬即逝，很快就蒸发了。我认为，金斯利小姐不经意间挥就的线条画，堪称皮埃尔·苏拉热[2]抽象画的先驱。后来，在一个意义非凡的日子里，她又创造了一个奇迹。而且，神奇的时刻总是悄然而至，不期而遇。我清楚地记得那一天，下课铃声已经响起，可灵感从天而降，她拿起粉笔，在黑板上画起来。那时，我们才八岁，还不知道有地图这种东西。

金斯利小姐解释了一番，我们才明白：黑板上画的东西就是我们的街道地图。那儿是圣吉内弗耶教堂，门前有几排高大的栗子树，秋天的时侯，我们总喜欢在树下捡栗子玩；这儿是诺德菲尔街、河道、学校；还有我住的巴登艾姆街，那儿长着接骨木花。

小小年纪，我对画画的热爱已是众人皆知了。每年母亲节的时候，同学

[1] 卡斯帕·豪泽尔（Kaspar Hauser，1812—1833）是德国历史上著名的野孩子。他自述从小被关在黑屋里，与世隔绝，以水和面包度日。当时，这件事引起了不小的轰动，有人流传他的真实身份是德国巴登省的贵族，婴儿时期中了“狸猫换太子”之计。后来，他死于神秘的刺杀。

[2] 皮埃尔·苏拉热（Pierre Soulages，1919—）是法国画家、雕塑家。他痴迷黑色，很多作品是在全黑底色上作画，被人们称为‘黑画”，展现了“黑暗精神”。

就请我画几幅画，当作礼物。一位仰慕者还送给我一份大礼：一支水彩笔和一个调色盘。遗憾的是，盘上的树脂水彩颜料居然不溶于水。教母很珍惜这份礼物，立即把它收了起来，说是等我长大了再用。

从那时起，我开始收集祷告卡。后来我就读英国女校，发现同学们也喜欢收集祷告卡。实际上，当时虔诚的天主教徒都有这个习惯。而且，就是在女校里，我逐渐淡忘了米卢斯的一些影像。那时我还不知道，一种过滤机制正在生效。这不正是教育的作用吗？在校期间，我们看不到任何商业影像，甚至翻阅食谱书也成了禁忌。学校虽然没有明文禁止，但是绝不鼓励携带外部书籍进校。很多著名的儿童读物一律不得入校，比如伊妮德·布莱顿[1]著名的《世界第一少年侦探团》，以及各种连环画。

因此，我小时候经历了两个世界。准确地说，是女校刻意地把这两个世界分开：一方面，灌输“好品味”；另一方面，贬低大众文化。而且，老师还教给我们鉴别的方法。也就是说，一旦穿越了英吉利海峡，我之前掌握的知识、所讲的语言都被否定。女校让我明白，我的永生是岌岌可危的，身体是不纯洁的，曾经成长的环境是不光彩的。我对童年的兴趣就来源于这段奇怪的经历：攻击我的这些成年人都坚信自己心怀善意，美其名曰“为了我好”。实际上，我也没有任何理由去质疑他们的善意。

但是，成年人身上有着一个不可调和的矛盾：他们被赋予微妙的教育职责；同时，他们也批量制作并传播商业图像。而且，这些图像无孔不入，让人防不胜防，比如销量庞大的基督教礼品和周边，尤其是宗教画。实际上，这些图像良莠不齐，泥沙俱下，但它们都被冠以“神圣”之名，被称为圣像。

---

[1] 伊妮德·布莱顿（Enid Blyton，1897—1968）是英国国宝级的童书大王。她的书总销量逾五亿，被评为“英国人最喜爱的作家”，代表作有《伊妮德童话》《诺迪》和“世界第一少年侦探团”系列。

上图和第 106—107 页：大人教导我们，要敬惜圣像，不管它们的艺术水平是高还是低。这给我带来了不小的疑惑：那为什么禁止我们阅读连环画？（艾姿碧塔收藏）

而且，通常这些图像是作为嘉奖或纪念来赠予的。因此，它们似乎具有一种弥足珍贵的意义。

如今，我重新审视这些宗教图像，一遍一遍地重温耶稣受难像，头戴荆棘冠冕的圣心像等。当然，基督教圣像画并不局限于表现极刑和自我牺牲。相反，维系信仰的圣像画种类繁多。比如耶稣诞辰及其童年、圣母、养父圣约瑟、圣人动荡的生活及死后荣光、地狱、魔鬼、奇迹、圣餐仪式、教皇。还有那些提升品格的信条：谦逊、忠信、贞洁、恭敬、仁爱。人们通过各种图像来象征美德：百合、玫瑰、神秘的光辉、落日、荒芜之地等。

我还惊讶地发现，在很多的宗教文化里，繁复的图像符码、花样迭出的媒材运用随处可见。但是，人们使尽浑身解数想要呈现的，恰恰是在本质上无法呈现的东西。这多少是个难以自圆其说的现象。然而在女校的几年中，我还没有意识到这个问题。我心平气和地接受了风格大杂烩：木筋屋[1]、帕拉第奥式建筑[2]、英式农舍，以及金发的耶稣及其门徒的服饰，有皮草、花边、锦缎、甲胄，还有绘有大幅祥云的布料。

那时，我对一切形而上学的、道德的和审美的学说一无所知，毫无判断

[1] 这种建筑风格起源于十二世纪的德国，首先用木条搭建木架结构，然后用黏土和草茎的混合物填充成墙，最后刷上涂料。这种建筑的特点是外墙上有一根根构成几何图形的木筋，看起来赏心悦目。

[2] 一种欧式建筑风格，以十六世纪的意大利建筑师安德烈亚·帕拉第奥（Andrea Palladio，1508—1580）来命名，模仿古罗马和希腊的传统建筑，平面完全对称，四面各有六柱的柱廊，中央圆厅有穹顶。

HEL
行
10000
No J 023456
DOLLARS
Yen Loo
TE
ERPÉT
VÉNÉ
AINT
THE HOLY FAMILY
Novena, Jan. 2nd.—Jan. 10th.
" Jesus! are you there?

TRE DAME D'AFRIQUE
10000
HELL BANK NOTE
冥府紙幣
Yu Wong
10000
USAND
cette image et dis-le. – Qu'ais-je
our toi que je n'aie pas fait?
(Paroles de Dieu).
9, RUE MABIL
E JÉSUS RAPPROC
mis éloignés

力。我全盘接受各式各样的劣质假货，来激发宗教热忱：仿木、大理石花纹纸、仿羊皮纸的半透明纸、镀金彩色玻璃纸。还有各色卡纸，有带花边的、带波纹闪光的、珠光的、起泡的、斜切的、皱纹的，以彩色石板印刷、照相凸版印刷、四色印刷等技术制成。最令人不舒服的是一些小卡片，看起来很像护身符或符咒，上面绣着红线十字架，装饰着一小块黑布。据说，这种黑布取自某个女圣人的袍子。卡片上画着头戴玫瑰花环的圣人像。我最喜欢的祷告卡来自二战后的奥地利。据说，奥地利专门为信奉天主教的小孩生产了大量的卡片，上面画着巴黎蒙马特区的流浪儿，他们穿着皮短裤或巴伐利亚连衣裙，站在雪地里唱着赞美诗。

当然，我们的视觉教育并不仅限于此。我当时的美术老师可不是个凡夫俗子，是公认的最前卫和“最文艺”的修女。她用投影仪给我们上误，讲解经典艺术作品。但不可否认的是，那些披着宗教的外衣，实则属于批量生产的劣质图像，一直在女校占据主导地位。即使是经典艺术启蒙课，老师也不是通过原作，而是通过黑白印刷品来教授的。

在女校里，画室是唯一的艺术领地。它的门楣上赫然写着：“闲人免进”。我寥寥无几的周日就是在这里度过的。我一去画室，就领到了一只鬃毛画笔和一盒树脂颜料。要知道，当时只有富家小孩才拥有这些东西。我至今依然记得自己的第一幅画——一棵大树，它看起来像是用奢侈的颜料堆积而成的。晚祷钟声敲响，宣告了周日绘画课的结束。在去礼拜堂前，老师表扬了我的勤奋。作为奖励，我可以选择一张照片，我选的都是英国皇室柯基犬的照片。老师们从杂志上剪下这些照片，作为奖品。

怎样从这些芜杂的图像中构建个性化的语言？这些图像拥有不同的风格

和表达手法。长久以来，它们留给我的印象是杂乱无章的，激发的灵感也是转瞬即逝的。但是，我珍重这份童年的记忆，因为小时候的涂鸦可作为我人生的重要叙述线索。

大约十一二岁的时候，我在应邀画画之余，开始了自主创作。我假期就地取材，在空白的作业本上写写画画，写的故事适合那些比我小得多的孩子阅读。那时候我俨然是个童书作家。

三年后，我返回了巴黎，随身携带的就是这些作业本，它们是我的行李中最珍贵的东西，因为上面满是故事和图画，堪称个人创作生涯的起点。我当时处境艰难，创作正式的作品如巨幅图画或油画，是不可能的。作业本上这些毫不起眼的画激励了我在梦想的道路上前行。我毫不迟疑地确立了自己

左图：我小时候的画作。我最早的作品讲的都是孤儿的故事。

对页图：《刮刮亮片》插图。

的使命：成为艺术家。虽然童年的画作稚嫩青涩，但它们证明了理想的合理性。没有它们，也许我会屈服于大人强加给我的选择。家里突然冒出一个青春期的孩子，大家都觉得碍手碍脚。而且，大人们是撒手不管的，没有人倾听我的心声，陪伴我的成长。家庭和周遭环境只要求我服从，像幼儿一样听话，虽然当时我已经是少年了。因此，我对一切的人情冷暖、世态炎凉都毫无防备。既然正常的成长被遏止，我唯一能做的就是从童年汲取养分，发挥取之不尽用之不竭的想象力。

Jeudi 25 Juillet 74

对页图和右图：《1973—1976 年图像日记选》（*Extraits de journal 1973—1976*）插图。

我认为，造型艺术和童书创作是泾渭分明的。当然，这只是一家之言，难以代表其他图画书作家的观点。我做出这个区分，既是出于原则问题，也是因为两者本来就属于不同领域。而且，我的造型艺术作品也不适合儿童观看。但话又说回来，两者的创作都始于二十世纪七十年代。那时，我开始每天画画，用图画来讲述日常遭遇，类似一种图像日记。这并不是什么新鲜事，我从小就习惯用稚拙的笔触，随性地临摹形形色色的图像。如果没有这种坚定不移的人生选择，我的艺术创作就不会开始。

但在艺术领域里开辟道路，找到合适的方法并不容易，各种事情阻止我的发展。就连去美术学院进修，都成了奢侈。在不断摸索中，我终于找到了梦寐以求的指导理念，开启了绘画之路。它就藏在我的图像日记里，就在那些描绘童年时光的图画里。为了讲述童年，我首先得寻找童年的情境，而寻觅的过程就为我未来的作品奠定了基础。我陆续在八本笔记本里绘制了两三百幅图。它们的描述方法原始而深邃，如同一本尚未解密的自传。这八本笔记囊括了我的两项艺术活动的萌芽：造型艺术和童书创作。

从六岁起，我就痴迷于描绘事物。从五十岁起，我发表了无数的画作。但我认为，七十岁之前的作品都不值一提。直到七十三岁，我才洞悉鸟兽虫鱼的构造和草木的生长姿态。等我到了八十岁，我想我会百尺竿头更进一步。到了九十岁，我将参透世间万物的奥义。到了一百岁，我将随心所欲不逾矩，直达化境。到了一百一十岁，我笔下的一点一线都会活灵活现，栩栩如生。那些长寿之人，请追随我的人生，见证我并非妄言。

——葛饰北斋述

对页图：画痴的宣言。葛饰北斋[1]《神奈川冲浪里》，作于 1831 年。（法国巴黎吉美国立亚洲艺术博物馆收藏）

右图：藤田嗣治[2]《小画家》。

下图：《蛙跳》。（艾姿碧塔绘制）

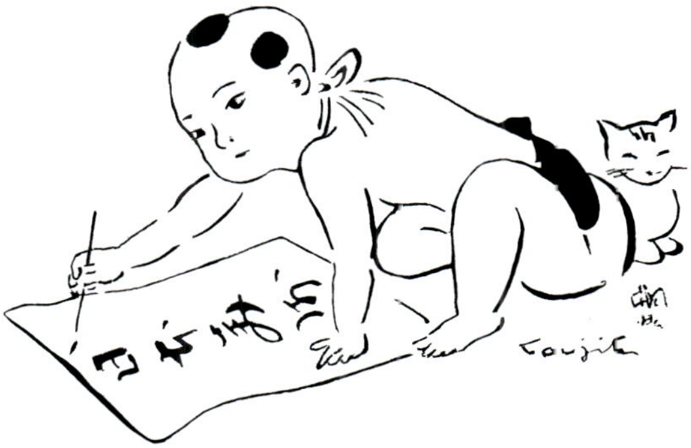

Dessiner

学画画

画画好比魔法。取一张白纸，从左至右画一条横线，你立刻就得到了陆地与大海的景象。

中国人说，这一笔创造了天地，所有小孩都能分辨哪里是沙滩，哪里是大海。加上一个逗号，这幅风景画里便多了一只鸟。这究竟是一种怎样的奇迹呢？我可以肯定地告诉你，图画绝不是照搬自然，它模仿的不是现实，而是一种理念。然而人们却信誓旦旦地说，事物是不招自来的。翁贝托·艾柯[3]在《缺失的结构》里写道："如果我在纸上，用黑色线条勾勒一匹马的轮廓，所有人都能认出来。在纸上，这匹马的唯一特征就是黑色线条。但是，现实中的马却没有这个特征。"

---

[1] 葛饰北斋（Hokusaï，1760—1849）是日本浮世绘画家。他很多作品以日本的山川大海为主题，构图新颖，展现了自然的瞬息万变、生生不息。其风格对后来的欧洲画坛产生了深远的影响，德加、马奈、高更等都临摹过他的作品。代表作有《神奈川冲浪里》《凯风快晴》《骏州江尻》。

[2] 藤田嗣治（Foujita，1886—1968）是日裔法籍画家，将日本画的技巧引入油画，以猫和女人为主题的画作见长，因独创的"乳白色肌肤"裸体画而名噪一时。

[3] 翁贝托·艾柯（Umberto Eco，1932—2016）是享誉世界的意大利哲学家、符号学家、小说家和文学批评家。代表作有小说《玫瑰之名》《傅科摆》，美学著作《美的历史》《丑的历史》。

左上图：这幅写生出自一个名叫莱昂纳的小朋友之手。

右上图：还需要什么呢？一本中国画论[1]不是说过，一座只在画上呈现塔刹的塔，在现实中必然有着塔身和塔基！画作是菲利克斯·瓦洛东[2]《钢琴》，作于 1914 年。

因此，轮廓是自然里不存在的东西。但是看到一幅线描，小孩却能一眼就认出来。也就是说，他们具有辨识轮廓的天赋。这如何解释呢？我百思不得其解，希望通过自己极简的素描创作来进一步研究。小孩究竟在图画里认出了什么？而且他们涂鸦的时候，很快就学会了画线条和轮廓。

教育专家认为，运动机能让小孩首先学会画圆。他们画人像时，首先画

[1] 艾姿碧塔所引的画论似出自王维《山水诀》："塔顶参天，不须见殿，似有似无，或上或下。"

[2] 菲利克斯·瓦洛东（Félix Vallotton，1865—1925）是瑞士裔法国画家，法国纳比派代表人物，欧洲现代木刻版画先驱。代表作有《20岁的自画像》《公共花园》。

的是圆形。随着身体发育和机能完善，他们会逐步添加其他的细节。我认为，这是无稽之谈。小孩是偶然发现了线条的意义，还是天生就有勾勒线条的倾向？但是他们尚未摆脱运动机能的自发性，不能一蹴而就。不管怎样，在我早期的图画书里，我只用墨水画黑色线条。

其实，我从小就喜欢黑白画。无论是最初的德语教材，还是英伦岁月里那些铭刻于心的图像，都是黑白的。因此，我很了解儿童对黑白画的兴趣。还有一个误区，认为适合儿童观看的图画必须巨细无遗，好像小孩连草是绿的都不知道。事实却恰恰相反。如果我们不带着先行观念来绘图，孩子的潜能就有了生发的余地。这一点尤其适用于众所周知的东西，比如蓝天、红瓦、黄太阳。一般说来，抽象的画面更能激发想象力。与成年人一样，孩子能够通过一鳞半爪，认出整张图画。

相比千篇一律的东西，不常见的用色更能激发孩子的想象力。我的图画书创作基于如下出发点：第一，孩子喜欢动脑筋；第二，他们神思敏捷；第三，画蛇添足都将破坏我们心有灵犀的艺术交流。在含而不露、意味深长之处，天马行空的想象得以实现。图像好似一个屏幕，有待记忆、假设和期待的投射。我认为，有趣的童书不是一览无余的，而是需要读者积极参与，运用想象来填补情节的跳脱之处，诠释意义。一本中国画论不是说过，一座只在画上呈现塔刹的塔，在现实中必然有着塔身和塔基！

图画的奇妙不在于模仿，而在于它不拘泥于现实。而且，我们能够一眼就看出来其中高于现实的意义。相比世间万事万物，图画展现的东西寥寥无几，只是我们所见所想的一小部分，但有以少胜多、以一当十的效果。如此，那些着意表现的东西才不会泯然于众。和小说一样，艺术创造是一个剪裁的过程，它的复杂也来源于它的简化。为了帮助读者领悟要领，作品应该消除“杂音”。总之，艺术的关键在于选择得当，呈现富于意义的元素。

左图：战前，弗隆爸爸每天早上都有看报的习惯[1]。

对页图：《我们要去钓美人鱼》（*La pêche à la sirène*）插图。这本书以孩子而不是动物为主人公。我只有寥寥几本图画书是这种情况。

我作文绘图时，会刻意留给小读者一些线索。小读者好比童话中的小拇指，循着这些线索，开动脑筋，跟上故事的节奏。注意，我说的是跟上，不是预知。无论作者还是读者，体验移步换景的新鲜感和悬念感都不失为一种乐趣。而那些我们看到开头，就知道了结尾的，才是真正糟糕的故事。为了吸引读者的注意力，我必须预留几手，一路领先，让读者一路追赶，直到结尾才豁然开朗。

我深知，条分缕析难免会作茧自缚，把话说死。因此，剖析创作过程有可能带来误解：似乎创作充满了禁忌，作者不敢越雷池一步。实际恰恰相反。斤斤计较、墨守成规绝不是我的方法，我依据的只是自己对童年本能的、直觉的想法。要解释这种难以言传的东西，近乎不可能。因此，上述的分析只是由果及因的简单回溯。

[1] 这个情节选自《弗隆和缪塞特》，讲述了这两个好朋友战火硝烟中的友情。根据故事的发展，弗隆爸爸的平静生活将被战争打破。他将扛枪上战场，在战斗里负伤，失去一条腿。

左图和对页图：艾姿碧塔绘制。

第 122—123 页图：《小小航海家》衬页，好玩的地方就在图的中心。

我最早的几本图画书无色无字，我用线条作画，并刻意留白。唯一的限制就是出版商给出的固定开本。开本是作品的基本元素，既是用武之地，也是法度所在。所以，这几本书是高度抽象的：空白的页面上只有寥寥几笔，极简的笔墨一点儿也不写实。我推测，起码四五岁的孩子才能看懂。

但是，我低估了孩子们。在很多国家，小扫帚的粉丝只有两岁。这让我惊讶不已。这几本书不但笔法精简，而且情节也远离现实。但是，小读者不仅看懂了，还看得很开心。出人意料的好评让我吃了定心丸，他们小小年纪就能欣赏抽象艺术。反而是大人们，常常对小孩的天赋一无所知。试想，如果大人对孩子的想象力一无所知，又如何精心培育呢？

但是，事情似乎没那么简单，因为我观察到的现象与此矛盾。懂得解读视觉符码是天生的？或是如果我们不经过学习，将无法理解图像？试想，如果没有战争，波兰的一切包括习俗、语言，对我来说都是习以为常的。实际上，在离开波兰之前，我有一次神秘的经历。我记得自己被人带到一个陌生的、黑洞洞的地方，眼前一直晃着许多“大土豆和神秘的怪物”。随后，我把这个谜团带到了法国，它铭刻在我童年的记忆里，经过离乡背井、颠沛流离之后，依然历历在目。甚至我经历了骨肉分离的创伤后，依然对之念念不忘。这份记忆一直追随我到了阿尔萨斯米卢斯。到了那里，人们告诉我，那

是我在华沙电影院里看到的迪士尼电影《白雪公主和七个小矮人》[1]，那些奇怪的、动来动去的“土豆”则是小矮人的大鼻子。

很久以后，我才了解了举世闻名的华特·迪士尼及其动画风格。他不是简单地绘画，而是从人物和主题里挑出细节，以夸张的方式来呈现。他画的是鼻子吗？他笔下的人物形象，不管是小矮人还是米老鼠，脸部轮廓都被放大，以至于看起来像是一颗大土豆或大李子。他画的是一颗纽扣，还是一朵雏菊？一间茅屋？或是一只小鸡？反正它们都是圆圆的、萌萌的，长着一颗大脑袋。它们一个个浑身滚圆，脸上洋溢着快乐。就连马也长着浑圆的腮帮子，膝盖外翻，一双眼睛滴溜转。我模模糊糊地记得，迪士尼电影里的老鼠长着细腿，穿着肥大的短裤，踏着一双鼓鼓的鞋子，迈着欢快的步子。这些动画人物造型简单明朗，在全世界播散着欢乐，就像他们咕嘟咕嘟地喝水，然后大叫一声：“哇！”而人类的所有体验都可以被总结成一句话：“叽——嘀——嘟——嗒，多美好的一天！”[2]

---

[1]《白雪公主和七个小矮人》于1937年在美国首映。

[2] 原歌词是"Zip a dee doo da"，是迪士尼1946年出品的电影《南方之歌》的主题曲。电影讲述了一个闷闷不乐的男孩，来到南方农场，遇到了慈祥幽默的黑人雷默斯叔叔，变得乐观开朗起来。这是迪士尼第一部真人与动画合演的长篇电影，音乐在片中发挥了重要作用，主题曲荣获1948年第20届奥斯卡最佳原创歌曲，是迪士尼的电影名曲之一。

VARIABLE
TEMPS
TEMPÊTE

对页图和左图：“小扫帚奇遇记”系列之一《还有什么能比这更棒的呢？》。（艾姿碧塔绘制）

和语言一样，每一种文化的艺术似乎都是自然而然的，而且被视为唯一合理的，有着无可置疑的神圣性。至少，在尚未受到外来潮流的冲击以前，情况就是如此。我听说，有个著名的加勒比细木匠，给法国领事做了二十四把椅子。领事事先精心绘制了设计图。万事俱备，细木匠开始一丝不苟地按照设计图来干活儿，即使他心里犯嘀咕：想必领事的精神有点儿不正常，因为设计图实在古怪，图上所有椅子的后腿都比前腿短！

在我们西方人看来，细木匠的想法令人瞠目结舌。但是，让我们来重温一下西方的透视画法。一直以来，我们坚信透视画法是科学的，优于其他视觉呈现体系。实际上，它模拟的是一种非现实的视角，一个站着不动的独眼龙所看到的三维世界。那些运用了透视画法绘制的图，呈现出来的东西是变了形的，大大不同于事物的真实形态。我们知道，现实生活中的椅子，四条腿就是一样长的。

下图：《笨拙》[1]杂志插图。我小时候很喜欢这种英式幽默和版画风格。

右图：威廉·霍加斯[2]《荒谬的透视法》，作于1754年。

其他的绘画理论规避了这种弊端，比如东方的绘画赋予了观赏者自由，在同一幅画中，人的视线既可以落在山巅，又可以落在谷底；既能看到室外的花园，又能看到室内的情景。而西方中世纪的作品则是另一种逻辑，它强调的并不是视觉的聚焦，而是等级分明的世界观：天上的神和地上的人。

[1]《笨拙》（*Punch*）是英国历史上发行量和影响力最大的讽刺漫画杂志，创刊于1841年。后由于经营不善，严重亏损，1992年停刊。

[2]威廉·霍加斯（William Hogarth，1697—1764）是英国洛可可风格画家、讽刺漫画家，著有《美的分析》。

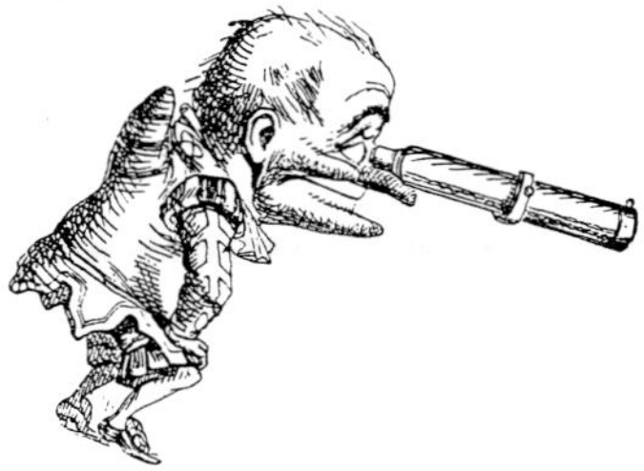

PERSPECTIVE RIDICULE, PAR HOGARTH.

对页图：《刮刮亮片》扉页，画的是卢森堡公园的苹果树。

Illustrer

画插画

弗朗西斯·培根[1]问："如果能够说出来，为什么要自找麻烦画出来？"而福楼拜[2]深有同感，他这样谈及自己小说里的插画："我绞尽脑汁也无法用语言表达的东西，难道一个不知哪儿来的傻瓜就能轻而易举地画出来？"

一本图画书中，我最喜欢的就是扉页。我希望我的作品在视觉上呈现整体的效果，所有的部件合力营造气氛，哪怕繁枝细节都是高度融合统一的。即便某些匠心独运之处只有我知道，我也要精心设计每本书，比如有的部分可以像扇面一样铺开，就像节日里的灯笼和彩带花环。读者把书立起来的话，从扉页开始，就会呈现一组彩绘图。这正是我苦心孤诣达到的效果。

纯粹起装饰作用的东西不符合我对文图关系的理解，我甚至不喜欢"插画师""画插画""插画"之类的词语。《罗伯特法语字典》将插画师定义为："为作品配图、增色的人。"就连泰奥菲尔·戈蒂耶[3]也未能免俗："插画师只应该用他人的眼睛来观察。"对于第二个词"画插画"，字典将之定义为"通过插图来阐明或说明"。种种现象表明，人们认为，插画的作用只是突显、

[1] 弗朗西斯·培根（Francis Bacon，1561—1626）是英国文艺复兴时期的散文家和哲学家，唯物主义哲学家，实验科学的创始人。代表作有《培根随笔》《新工具》《论科学的增进》。

[2] 居斯塔夫·福楼拜（Gustave Flaubert，1821—1880）是法国小说家。他的小说出色地描写了十九世纪法国社会的风俗人情，被视为自然主义之父。代表作有《包法利夫人》《情感教育》《三故事》。

[3] 泰奥菲尔·戈蒂耶（Théophile Gautier，1811—1873），法国唯美主义诗人、散文家和小说家，倡导"为艺术而艺术"。代表作有小说《莫班小姐》，诗集《珐琅和雕玉》《阿贝都斯》。

图解文字故事。按照这个定义，我压根算不上插画师，因为我的创作常常是图画先行，文字靠后，比如系列作品《巫婆的魔法书》《小小航海家》就是如此。有时，我的创作会图文同步，两者紧密地结合，在漫无目的的摸索中，我想表达的东西逐渐浮出水面。

我认为，童书插图是一种独立的图书类型。在理想的情况下，此类作品不应该只是配图的文集或配文的图集。图文应该有机地结合，就像歌曲里的词与曲。有些作品的图文结合近乎完美，比如《野兽国》[1]就是文不离图、图不离文。图文的紧密结合造就了这本书的深刻意蕴。

在英国女校里，我如饥似渴地读着课外书，发现了一个惊喜——吉卜林[2]。他有一本小说叫《原来如此的故事》，书里对图文关系的处理堪称典范。

> 这就是独来独往的猫，野性十足、桀骜不驯，逍遥地摇着尾巴，在潮湿的丛林里来去自如。画面上除了几朵蘑菇之外，空无一物。丛林里潮湿极了，蘑菇长势喜人。树桩上那个玩意儿可不是一只鸟，而是一团青苔。这足以说明，丛林里天气潮湿，地气蒸溽。

[1]《野兽国》是美国作家莫里斯·桑达克（Maurice Sendak，1928—2010）的作品，获得1964年凯迪克金奖。

[2]约瑟夫·吉卜林（Joseph Kipling，1865—1936）是英国作家和诗人。因观察入微、想象独特、叙述卓越的创作风格，成为英国第一位诺贝尔文学奖得主。代表作有《丛林之书》《基姆》《原来如此的故事》，后者由吉卜林著文并绘图。

上图：《巫婆的魔法书》插图。从前，图像是没有版权的。欧洲各国的艺术家们肆无忌惮地互相抄袭。我有意地援引了一些古老的图像[1]，与那个抄袭成风的时代遥相呼应。

[1] 艾姿碧塔援引的青蛙图像来自瑞士博物学家康拉德·格斯纳（Conrad Gesner，1516—1565）。他是16世纪欧洲最有影响力的学者之一，他的自然科学著作《动物史》被认为是现代动物学的奠基之作，其中插图均为他本人绘制。

对页图：《白天的太阳，夜晚的月亮》（*Soleil de jour, lune de nuit*）插图。

右图：“这就是独来独往的猫，野性十足、桀骜不驯，逍遥地摇着尾巴，在潮湿的丛林里来去自如。”选自约瑟夫·吉卜林《原来如此的故事》。

这幅画的下方表现的才是主旨。那儿有个洞，孩子出生之后，男人和女人就在那里安置了舒适的家。图画表现的是夏日山洞的情景，洞前种植了大片麦子。男人跃上马背，准备把奶牛牵回山洞挤奶。他举手召唤他的狗。之前，狗游到了河对岸，追赶野兔。

《独来独往的猫》的每幅插图都有配文，语气时而诙谐，时而疏离。它似乎在模仿大人和小孩对话的情景，大人的语气严肃而认真。这是彼此尊重的大人和小孩最合适的交流方式。虽然画中有一些突兀的元素，但吉卜林成功地将之融入文本，成为尚可接受的东西。因此，这本书的图文是相得益彰的。然而今天，大多数法文版本径直删除了吉卜林的原画，取而代之的是技法更为巧妙的新插画，上述那些风趣的评论也随之消失。

左图：一个叫辛迪的小朋友对《刮刮亮片》的仿作。小辛迪名不见经传，但这幅涂鸦的精美不输原作。作为小小艺术家，她的笔触极具个人色彩。

我认为，绘画不是配图。有些神话题材的童书插画堪称美轮美奂。但是，我仍然认为这并非正道，起码与神话传说的初衷南辕北辙。自蒙昧时代以来，神话传说是口耳相传的，目的是唤起听众的个性化想象。而插画恰恰给源源不断的创造力画上句号，给生生不息的想象强加固化的图像。根据拉康[1]的观点，神话最大的特点恰恰是它的“不可穷尽”。

玛丝·罗伯特[2]在《读书》里写道：“可见的东西扼杀写出来的东西。”此言不虚。但是，我们一直相信有图有真相吗？答案是否定的。孩子们专心地理解故事内容，同时不动声色地在脑袋里编织着属于自己的画面。

每天晚上，我的一个朋友都会给她的儿子读图画书。一连好几天，小男孩都一言不发，一边乖乖地听讲，一边全神贯注地看图。因此，我的朋友想当然地以为图画丰富了故事。直到有一天，小男孩发话了：“故事好好听，可是我想知道‘雪铁龙’究竟在干什么？”

“什么雪铁龙？你哪来的想法？”

“这个！”男孩指着书里的引号问，“这不是雪铁龙吗？”[3]

---

[1] 雅克·拉康（Jacques Lacan，1901—1981）是法国作家、精神分析学家、结构主义者，从语言学出发重释弗洛伊德学说，提出了镜像理论。代表作有《战争后遗症：一个女人不能前行的病症》。

[2] 玛丝·罗伯特（Marthe Robert，1914—1996）是法国散文家和翻译家，法兰西文学大奖得主。代表作有《孤独一如卡夫卡》《小说的起源》《文学的真理》。

[3] 法文中的双引号用“《》”来表现，类似法国汽车品牌雪铁龙的车标。

右图：《刮刮亮片》插图，卢森堡公园的马驹。

对页图：《克伦比娜的爱情》插图。

右图：杰拉德·泰尔博赫[1]《阅读课》，作于 1652 年。（法国巴黎卢浮宫收藏）

小时候，我读了各种版本的《白雪公主》。对于这个故事，我有着自己的见解，而且常常是天马行空，不着边际的。没有一个版本的插图能够代替我自己的想象。同大人一样，小孩也有一套自己的想法以自圆其说。一天晚上，一个由单亲妈妈带大的小男孩，让我和他一起编故事。他一边编故事，一边指点我在他的磁性画板上画画。故事讲的是小马历险记，它和小主人一起周游世界，从欧洲到了美洲。眼看这个故事听得人有点儿想打瞌睡，这时，小男孩果断地给它一个皆大欢喜的结局：早上小男孩醒来，发现梦里的小马变成了爸爸。

小孩对图像的"阅读"，常常与大人的理解大相径庭。而且，大人和孩子对文图关系的理解也不甚相同。我记得自己小时候读书，对故事的理解不一定依靠插图。不可否认，我也很喜欢看那些插图，但是我欣赏的纯粹是它的视觉美感，而不是它辅助故事的功效。

[1] 杰拉德·泰尔博赫（Gerard ter Borch，1617—1681）是荷兰画家，以描绘中上层阶级的日常生活而闻名。代表作有《音乐课》《一位年轻女士的肖像》《写信的女士》。

虽然大人对此习以为常，但对孩子来说，图像有一个大大的妙用：将三维空间简化为二维。降维呈现带给人的意蕴远远超出叙述。因此，刻意地捆绑文图无异于误导，尤其是在文图互相忤逆时。不仅如此，另一种微妙的情况也会适得其反：故事激起了读者某种想象，插图却呈现截然不同的氛围。我创作童书的一大快乐就是，挖掘契合小孩创造性的主题。这些主题五花八门，有的欢乐，有的严肃，有的看似突兀但切中要害。无论如何，灵感纷至沓来，使人应接不暇，因此我从来不缺创作素材。

随着时间的流逝，我也从失败中得到教训：仅仅依赖内心的童真来创作，是远远不够的。于是，我也添加了有关成年人的符码。比如，我画了卢森堡公园里的椅子，以便他们探访受罚的卡迪猫[1]时，可以休息一下；我还画了糖果屋，以便他们重温儿时的快乐；最后，我还讲了一些怀旧故事，以便他们追忆似水流年。

按理来说，艺术是一门不提倡因循守旧的学科（实际上，用“学科”这个词来指示艺术，值得玩味。人们通常认为，艺术是一个百无禁忌、随心所欲的领域[2]）。然而，成年人容易故步自封，忽略艺术的创新属性。我们喜欢表现司空见惯的东西，最好都是习以为常的。在成年人的头脑中，记忆占据着主导，他们不再学着去“看”，而是沉溺于“认出”。我并不是全盘否定这种思维，相反，它自有用武之地。试想，如果针对所有事物，我们扫一眼还不够，而是需要不停地寻根究底，那得有多麻烦？

---

[1] 卡迪猫是艾姿碧塔两本图画书《拉莉鼠和卡迪猫》《卡迪猫，祝你胃口大开！》（*Bon appétit Catimini*）的主角，他是一只傲娇的大花猫，称霸卢森堡公园。

[2] 原文discipline的本义是“规矩、纪律”，引申义是“学科、科目”。

下图：《拉莉鼠和卡迪猫》插图，卢森堡公园里著名的绿椅子。

我们都曾碰到过如下情形：我们在匆匆赶路时，被身边的小孩缠住了。他们问东问西，关注无关紧要的东西，生生把时间给耽误了。但是，艺术探索需要的正是孩童观看世界的方式。当然，我们的目标是成熟的。总之，我们应该葆有孩子般的好奇心。可惜的是，我们很快把这些宝贵的东西抛在了脑后。

FORESDEPALMIE

对页图：《魔法师的梯子》(*Échelle de magicien*) 插图。我的双线画技法在这幅图里达到了高峰：狮子的鬃毛、尾巴的毛簇都是用这种笔法画的。

Secrets d'atelier

画室的秘密

很多人询问我创作的秘密。记得刚入行时，我也曾痴迷这个问题：只要找到秘诀，我就能成为"真正的艺术家"。更何况，我不是科班出身，没有受过正规的绘画训练。那时，我不理解为什么阿雷克塞耶夫对他的创造守口如瓶：他是怎样以酸腐蚀法雕刻出斜面，用黄铜来铸造圆形纪念章的？我至今依然很好奇。但是，我理解他对此秘而不宣。

马蒂斯[1]说过："一件作品由一系列的符号组成，这些符号源自创作的过程，为作品服务。如果将之从原本的语境中抽离出来，这些符号将失去效用。"同样，将秘密公之于众等同于让它失去效力。对创作过程一清二楚不仅不会为作品增色，反而令它丧失部分魅力。所知愈少，魅力愈大。如果说阿雷克塞耶夫对我有什么影响，并不在于他向我揭示了创作秘密，而是他独特的艺术活动给我一个启发：无论如何，我们要知足，尤其要警惕囊括四海并吞八荒的艺术野心。有一段时间，我忽视了自身建设，将视线投向外界，搜罗灵感。但事实证明，无论是最终的作品，还是艺术生涯，都不是按照这个路数来的。我很快明白，盲目跟风是没有出路的，依样画葫芦学到的只是皮毛。纯粹的模仿，既无法显示创作者内在的欲望与冲动，对被模仿的作品也极为不公平。有意为之的抄袭绝不仅仅是受到原作的影响，而是一种智识

[1] 亨利·马蒂斯（Henri Matisse，1869—1954）是法国画家和雕塑家，是野兽画派的创始人，以使用鲜明、大胆的色彩而闻名。代表作有《豪华、宁静、欢乐》《开着的窗户》《戴帽子的妇人》。

左图： 亚历山大·阿雷克塞耶夫的针幕动画《鼻子》，改编自果戈理同名短篇小说。

对页图：《克伦比娜的爱情》插图。

上的掠夺。长此以往，下场注定是迷失自我。试想，剽窃他人的成果，而非默自观省，那又该如何认识自我呢？

而且，如果作品的技法是一目了然的，那么也容易过时。因此，为了延长保鲜期，作品不能一览无余，轻易地被看透。从某一时刻开始，我决定闭口不说创作技巧。在这个曝光成瘾的时代，我愿意保有秘密。我希望制造神秘感，因为人们对不是一望可知的东西，总是兴致盎然。专家和业余爱好者普遍认为，艺术就是用来被窥探、被理解的。情况恰恰相反，艺术只有在不被理解时，才能发挥最大的效用。如果巫术面具被解构成几块木头、几颗钉子和几根稻草，谁还会认为它充满神秘的超自然力呢？谁又会期待魔术师揭秘他的变兔子戏法呢？而且，从一本书到另一本书，一部作品到另一部作品，我创作上一部作品的探索，会在投入下一个作品时自然遗忘。因为创作和自我剖析，并不能同步进行。油画艺术之所以失去了吸引力，就是因为人们多多少少地了解了其创作手法，只需要扫一眼某幅油画，神秘感就消失殆尽了，因为画家的手法是一望可知的。

对页图：《童年故事集》（*Histoires d'enfances*）插图。

左图： 毕加索《参观画室》，1954 年 1 月 19 日为《气魄》（*Verve*）杂志而作。（法国巴黎国立毕加索博物馆收藏）

对于当代艺术，我常常听到类似的冷嘲热讽："这个我也会！"起初，我很反感这种揶揄。但转念一想，这种不认可恰恰反映了一个现象，即他合情合理的期待落空了。有些作品看起来简单明了，创作者或是有意为之，或是无心成之。无论如何，这种简单恰恰遮蔽了真实的创作意图。对外行来说，作品不仅不是一个激发想象的空间，反而传递着扎心的信息："不要奢望认知那些超出你水平的东西。这世界上既没有你不知道的秘密，也不存在你无法掌握的东西。"因此，人们的气恼是可想而知的。

相反的，有多少人能够轻而易举地回溯整个创作过程，从成书阶段倒推到构思阶段呢？作品最初的面貌是怎样的？开本大小？需要多少时间才能完成？灵感从何而来？又是如何一步一步实现的？印刷的步骤有哪些？只要这些疑问挥之不去，读者就会处于好奇的状态。然而，一旦读者对创作过程了如指掌，作品的内涵也随之荡然无存。

对页图：在这幅德国版画上，一个江湖骗子正在教授他自创的字母表。（艾姿碧塔收藏）

右图：毫无疑问，这幅图模仿的正是丢勒著名的《犀牛》[1]。这个模仿者亦步亦趋地模仿丢勒，但弄巧成拙，结果形同东施效颦。选自安布鲁瓦兹·帕雷[2]《述异记》。

L'authentique vérité

绝对的真相

> 世界上有两种光芒：太阳和月亮。同样，人的身体也有两个照亮万物的眼睛。我们称身体为小宇宙，它是大千世界的微缩版……身体的运行好比世界的运行。比如屁就是肠胃胀气，女人们也是一样，肚子不断地发出咕咕的响声，好像怀有一只青蛙。从臀部冲出来的屁，声如炮鸣。刚开始，屁是对准地面，朝下放的，随后气味四散开来，以至熏到炮手，并殃及周围人。
>
> ——安布鲁瓦兹·帕雷《述异记》

很多古代科学著作，比如安布鲁瓦兹·帕雷的书，文字只是其中一部分，插画却扮演着不容置疑的角色。这些版画或是作为使用说明，或是作为当代知识，既补充了文字，又论证了文字的真实性。如今看来，这些知识大多荒诞不经，比如一个有钱人被疯狗咬了，把他塞进在滴血的牛骨架里就能治愈

[1]《犀牛》是德国画家兼版画家阿尔布雷希特·丢勒（Albrecht Dürer，1471—1528）的名作，绘制于1515年。丢勒本人并没有见过真正的犀牛，他的绘制基于一幅印度犀牛的素描。尽管画中犀牛的构造并不精确，但这幅版画却风靡整个欧洲，并在之后的三个世纪里被大量模仿，对西方艺术史产生深远的影响。

[2] 安布鲁瓦兹·帕雷（1501—1590）是法国医学家，被视为近代外科医学之父。他设计了假肢，并改进了接生的方法。《述异记》讲述了各种珍禽异兽和天文现象，这些知识有些摘抄自前人的博物志和研究著作，有些是当时广泛流传的传说和奇闻逸事。

吗？魔鬼是怎样从我们的脚后跟钻进身体，折磨得人死去活来？埃及木乃伊的防腐技术怎样改进我们的治疗方法？

重温帕雷的著作，我最感兴趣的还是文图关系，它们的目的显然是捕捉万事万物的真相。与之相对应的，虚构又是什么？对于那个时代的读者，这些作品好比钥匙，为他们开启最精确、最不容置疑的科学真理。

> 下面要讲的是一种天堂鸟……在摩鹿加群岛的地面和海上，有一种死的灵禽，名叫“曼努克蒂亚达”，在印度语里指的是“上帝之鸟”，人们从来没见过它活着的样子。
>
> 它栖息在高空，鸟喙和鸟身形似燕子，身披五色羽毛……这是一种无脚鸟。在休息或睡觉的时候，它用羽毛把自己挂在树枝上。它生性敏捷，来无踪去无影，日饮朝露。雄鸟的背上有个洞，雌鸟在里面孵蛋。我就亲眼见到过一只，人们把它进献给了先帝查尔斯九世。我的工作室也有一只，那是别人敬赠给我的礼物。
>
> ——安布鲁瓦兹·帕雷《述异记》

几个世纪过去了，新的技术和思想体系日新月异。当年，帕雷及其追随者标榜的是宣扬真理。用今人的眼光来看，这些所谓的真理显得荒谬绝伦。即便在当时，文图间也多有龃龉之处：一方面，文字鼓吹真理；另一方面，插图疑点重重，近乎荒谬。那个时代的插画师和版画家一般都是无名英雄，他们的画作在欧洲各国售卖，各种仿作层出不穷。刻版技术加速了图像的流通，其中隐含的知识也得以传播。如今，图像已经丧失了这个功能，它的重要性也随之烟消云散。但是，想画一个闻所未闻的东西，需要承担一定的风险。比如，人们告诉你，那个东西的脑袋和猪头差不多。接着，他们又自相矛盾地补充道：“但费斯特说，它更像埃及野牛的头。”

下图：《滴水兽和巫婆们》插图。毫无疑问，这也是丢勒《犀牛》的仿作，但并不是原封不动地照搬。我把丢勒的犀牛变成了全球魔法图书馆的神兽。它的身上写着全世界的语言，其中一些写在牛身的背面。

对页图：艾姿碧塔的未发表画作。

帕雷的《述异记》使用了丢勒的犀牛形象。制作这个仿作时，版画家用的是半圆凿。从痕迹来看，这幅版画有可能经过多人之手。无论如何，版画家显然被这个陌生的、奇异的东西束缚了手脚，技法生涩。因此，我们必须研究一番才会恍悟，这幅版画远承的居然是丢勒的《犀牛》。更让人犯难的是，要根据这幅图来学习有关犀牛的知识。要知道，这恰恰是丢勒的本意："通过眼睛和思考来发现事实。"但是，在他那个时代，对真理的信奉并不普遍。画家创作某地的风景画或某人的画像（比如国王），大可沿用已有的图像。就拿丢勒的师父迈克尔·沃尔吉穆特[1]来说，丢勒十五岁那年进入他的画坊当学徒。在《纽伦堡纪事》里，沃尔吉穆特使用了同一张版画，来表现大马士革、曼托瓦、费拉拉和米兰四个城市的景观。

长久以来，在人们心里，图像早已不是精确、真实信息的载体。就连文字，受言过其实之累，也难逃质疑。似乎，我们执着于呈现真相，但一直徒劳无获。在人类的历史上，我们一次次地精心打磨一个工具，企图借助它抵达真理的彼岸。但是，一次次的希望都化成泡影。

[1] 迈克尔·沃尔吉穆特（Michael Wolgemüt，1434—1519）是德国画家和版画家，是当时木刻艺术家中的佼佼者。他也是一个大型作坊的负责人，培养了包括丢勒在内的大批青年艺术家。《纽伦堡纪事》以编年体的形式记述了纽伦堡市的历史，内附大量木刻插图，是欧洲印刷史上影响深远的插图文本之一。

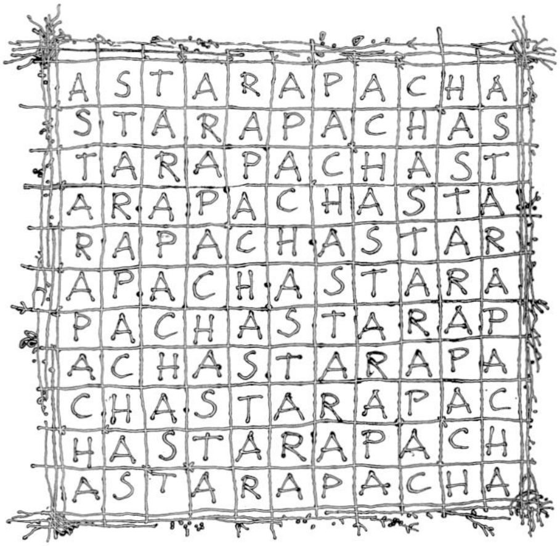

左图：单词“astarapacha”由 11 个字母组成，其中每个字母都可以成为首字母，引领一个同样由 11 个字母构成的单词。如图所示，由文字游戏构成的字母表无论是横着念，还是竖着念，都可以形成字母接龙。每个单词都蕴含着《魔法师的梯子》的某个主题。

遵照罗马宗教裁判所的圣文，我们承认地球是不会转动的。但是，为了方便数学计算，我们还是假设地球是转动的。

——耶稣会士罗杰·博斯科维奇[1]

真相在哪里？虚构又是什么？

在成长的道路上，大人告诉我，有些东西是必须要懂的、躲也躲不过的真理。后来，我不得不学着与这些东西保持距离。我创作一些故事，就是为了嘲讽大人的盲目自信。他们自认为无所不知，因此我们要学会不必当真。而且，这些故事也让孩子意识到，我们可以心存疑惑。我认为，开玩笑也是一种温馨的表达。和孩子们一起时，我会吐舌头、做鬼脸。想当年，我住在米卢斯的诺德菲尔，我也会对路过的大人做同样的事情。而且，我从苦难中学会一件事：手无寸铁的孩子受制于一种看似无边的权力，大人通过哄骗，甚至棍棒来教育孩子。但是，五年、五十年或者一千年后，那些知识很可能沦为废话。因此，我创作了几本书，来传达知识的相对性。

［1］罗杰·博斯科维奇（Roger Boscovitch，1711—1787）是拉古萨共和国的耶稣会士，博学多才，也是天文学家、数学家和神学家，著有《视觉和天文》等作品。

左图：《巫婆的魔法书》插图。

我发现，一些所谓的知识，它的荒谬并不妨碍它广为流传。比如从古代一直到十七世纪，有一种广为流传的说法：大海里有一种鲱鱼大小的印头鱼，仅仅依靠鱼嘴的吸盘，就能吸附一艘大船，让它动弹不得。而且，正是印头鱼让克里奥佩特拉和安东尼输掉了阿克提姆海战！这个说法盛行了好几个世纪，那些没有好好学历史的孩子可要长个心眼了，千万不要上当，不要以为真有其事。

且不说学没学好历史，他们起码也是没学好地理吧？

奥斯迪雅克人……分布在从托博尔斯克到珍斯卡河的广袤区域。他们个子矮小，身体孱弱，生活极度贫困，所有人都是近视眼。我认为，这是面包短缺造成的恶果。每当有路过的旅行者，他们会高价向人购买面包。但那儿人迹罕至，外国人更是凤毛麟角……况且，即便有人随身携带了面包，他们也无力购买。无奈，他们只好把鲜鱼当肉，把干鱼当面包。他们常年生活在这种环境里，可以毫不费力地消化这些食物。但是，宝贵的视力因此受损……

世上没有比奥斯迪雅克人更懒惰的了……也没有比他们更居无定所、性格朝三暮四的民族。一个月之内，他们要换两三次木屋，一年要换十几二十处住所。当被问及频繁搬家的原因时，他们说是为了避免途经此地的旅行者给自己造成不便。而他们所谓的不便，其实只是路过的外国人来到他们的木屋，邀请他们出门划几个小时的船而已。但是，他们认为，这点儿事已经把他们累坏了。

——选自雅布兰·埃斯布朗[1]《莫斯科至中国之旅》

这个有趣的旅行者记录了他在旅途中的见闻，以满足好奇者的博物需求。在同一时代，另一部著作[2]横空出世，讲述了一个同样令人信服、流传甚久的故事："从前，有个磨坊主给他的三个儿子留下了自己所有的财产：一座磨坊、一头驴和一只猫。"[3]

至今，这只猫和主人卡拉巴侯爵的故事依然脍炙人口。没有任何迹象表明，它将被遗忘在历史的垃圾堆里，这个虚构的故事把人性的渴望作为真实的标准，而人性的渴望是永恒的，因此相比科学，虚构的优势要大得多。而不少人认为科学至上，只有科学才能永远符合现实。

如果说科学注重观察现象的话，虚构则注重探索人性的渴望，而且它不需要被证实其存在的合理性。两者的差别在于，人性的渴望是不变的。古往今来，我们都渴望富有、幸福、强大、被爱和被欣赏，我们也能轻而易举地在故事里体验到同理心：虚构的人物"替我们"实现了幸福人生的愿望。而在科学领域，现实生活瞬息万变，数据源源不断地翻新着。研究奥斯迪雅克人的"学者"把自己的生活方式当作放之四海而皆准的标准。只有在持有同样偏见的人眼里，他的"科学理论"才能站住脚跟。

---

[1] 雅布兰·埃斯布朗（Everard Isbrand，1657—1708）是丹麦商人、旅行家和外交家。1687年，他定居在莫斯科。1692年，他代表俄国出使清朝，著有《莫斯科至中国之旅》，记录了旅途见闻。

[2] 此处指夏尔·佩罗（Charles Perrault，1628—1703）《鹅妈妈的童谣》，发表于1697年。

[3] 这个故事是《穿靴子的猫》。

上图：《巫婆的魔法书》插图。

虚构的永恒不朽让人叹为观止，这种不朽甚至不限于童话。似乎，只要提出一个想象的东西，我们就能欣然接受，认为它再真实不过。这也很好理解，因为我们不可能去摧毁那些本不存在，无形无影的东西。

在现实生活中，大家都知道什么是胡言乱语[1]，我用这个词来称呼一个巫婆：格里玛西亚。而且，这个巫婆被假定为我的祖先，是《巫婆的魔法书》的作者。在一次采访中，一个记者曾一本正经地问我：“格里玛西亚·法瑞古勒真的是您的祖先吗？”无独有偶，一个小女孩也来信咨询巫婆的秘方，还问我是不是会说动物的语言。

[1] 此处，艾姿碧塔用了双关语。“胡言乱语”的法文是galimatias，巫婆的名字“格里玛西亚”是这个词的音译。

左图：《是谁？在哪儿？做什么？》（*Qui? Où? Quoi?*）插图。

对页图： 我收到过的最美的信，写信人是玛丽－莱娜·朵丝。背景图选自《光屁股小猪》。

虚构也分不同的种类。我认为，过于诡异的想象不适合童书，成人臆想的鬼魅或酷刑亦然。我们内心多少都居住着这样或那样的“怪兽”，我们需要找到与“怪兽”的相处之道。显然，童书领域不适合出现这些怪力乱神。我认为，童书的主题应该或隐或显地契合儿童的真正需求。这也是我著文绘图的理想。正如普莱维尔的一首名诗所展现的画鸟方法[1]：如果我们想给一个人自由，那就给他有用和美好。

有一天，一项神奇的发明诞生了：照相技术。在短短的十几年里，我们获得了大量逼真的相片，一种在某种程度上值得信赖的真的“鬼魂”。由机器拍摄的画面，可以部分地避免人为操纵。至少，那些故作神秘的布景、涂了色的画布、华而不实的混凝纸，以及伪装和修图等，只能骗骗小孩。但是，如今照相技术也难逃质疑，诸多的人为操作足以以假乱真。

[1] 雅克·普莱维尔（Jacques Prévert，1900—1977）是法国诗人和编剧。他1946年创作的诗集《话语》至今依然是法国孩子最喜欢的读物之一，诗句朴实纯真，朗朗上口。《一只鸟的画像》是他的名诗。

chère Elsbieta

Pourriez-vous repondre à mes questions? (peut être un peu indiscrète)

La sorciere dont-vous parlez dans "le grimmoire de sorciere" a-t-elle réellement vécut? (Votre ancêtre)
Et connaissez vous des vraies recettes magiques? Sur "le grimmoire de sorciè les recettes sont-elle vraies? Est-que vous connaîssez le langage des animaux? Pourriez-vous me dire vos goûts?

Je vous remercie pour la carte. Vous me paraissez proche et mysterieuse. Pourriez-vous me donnez une photo de vous? Merci d'avance. Vous pouvez me tutoyer.

对页图：从打扮上来看，照片上的少女也许幻想着去海上历险。但是，她最后嫁给了一个木匠，定居在莱茵河畔。小时候，我吃过他们自家产的草莓。（艾姿碧塔收藏）

照相技术还有其他可以指摘之处吗？我的老朋友、版画家和电影人阿雷克塞耶夫，花毕生精力来制作时长不到一小时的针幕动画。他与第一任妻子亚历山大·葛林奈维斯基研发的针幕[1]，堪称放映“雕版动画”的最佳工具。他们相信，照相技术是对电影艺术的致命一击，它制约了视觉创新。艺术家本应该投入更多的时间和精力，来改进电影制作。但是，照相技术的到来使得这些艺术追求都戛然而止。今后，除了极少数动画片，视觉的写实主义已经在电影界蔚然成风。

教母收藏的老照片是我小时候能接触到的少数图像之一。照片五花八门，有领圣体者、订婚人、军人、盛装的阿尔萨斯妇女、水手生活一日游的体验者等。这些发黄的老照片镶着金边，其中蕴含的意义渐渐消隐在时间的长河里。这张照片上的大胡子爷爷是我的曾祖父吗？那张照片上有一对表情严肃的夫妇，女的穿着克里诺林裙，男的蓄着鬓角。照片拍摄于塞瓦斯托波尔大道 47 号的照相馆，摄影师名叫安东尼。这是在十九世纪中叶，我的祖父母来巴黎度假时拍摄的吗？除了我，又有谁会认得这张照片上早已作古的三兄妹？又有谁知道他们日后的样子呢？照片上的他们看起来俊秀而和顺。但后来，他们一个做了母亲，有着一个热情似火的棕发女儿；另一个变成了粗暴的丈夫；还有一个拥有一个古旧的小摆钟。如今这个小摆钟摆放在我家里，嘀嗒嘀嗒地记录着岁月的流逝。

几经辗转，教母的相册传到了我手里。我曾经想把它们分门别类，尤其是把阿尔萨斯时期和波兰时期的照片区分开来，但是这是徒劳的。老照片重叠、交叉，照片上的人因为战争和爱情都背井离乡、浪迹天涯。阿尔萨斯的

[1] 但据维基百科，针幕动画是亚历山大和第二任妻子克莱尔·帕克共同研发的。

Ch. Bucher
TERRITET
Villa Violetta

左图：爱德华·李尔[1]的插画。他的作品既能逗笑小孩，又蕴含着成人严肃的思考。像他这样能够兼顾二者的作家，实属罕见。

对页图：《埃菲尔铁塔下的约会》插图。

叔叔们跑到了波兰，穿着军装拍了照片，而我在足足两代人后才呱呱坠地。一个孩子出生在莱茵河畔，另一个则出生在维斯瓦河畔，他们后来成了我的父母，我怎么能不把这两个孩子的照片放在一起呢？

可是以我小孩的眼光看来，照片里最让人吃惊的，是这些大人的穿着打扮。这是一群穿着奇装异服的怪人，我压根无法理解他们的打扮和姿态：夹鼻眼镜、挺起满怀秘密的胸膛、圆顶礼帽、拍照姿势、化装舞会的服装、鸵鸟羽毛和军功章……

之后，我到了英国女校，读到了爱德华·李尔的打油诗和幽默画。李尔的作品说出了孩子的心里话，即大人的一举一动都有些稀奇古怪。既然还不是那么了解大人，那孩子们就做好准备，等着看大人的笑话，比如在他们的胡子里发现鸟窝，或者眼看着他们往帽子里倒茶，不也是很正常吗？

有个老头，长着长鼻
小鸟最喜欢在上面栖息
太阳下山，小鸟纷纷飞回鸟窝
卸下重担，轻松了老头，也轻松了长鼻

[1] 爱德华·李尔（Edward Lear，1812—1888）是英国诗人，以写打油诗闻名。

下图：这幅画名叫《亲亲龙》（*Le dragon bisou*）。总有一天，我会根据这幅画来讲个故事。灵感等待着付诸纸上，成为一本图画书。（艾姿碧塔绘制）

Les solutions magiques

神奇的解决办法

我遇到小孩时，只要他不是明确地要求，我决不轻易抚摸他。自发的克制源自我的童年记忆。我记得，老是有一些奇怪的大手，未经允许，就擅自撸撸我的脸蛋，逗逗我的下巴。所以，我太了解这些孩子的烦恼了。大人们似乎养成了习惯，不管认识不认识，都要亲一下，以示友好。我决定反其道而行之，把选择权交给孩子，由他们来决定是否开启亲密的关系。这不代表我不设定任何限制：我也希望被人尊重，包括孩子！

同样的，我竭尽所能地尊重笔下的人物。通常，我不会和盘托出他们的所想所感，而是交由小读者自己去思考、去琢磨。如此一来，我尊重了这些虚构人物的完整性，而非将他们的一切一股脑地公之于众。同时，我也尊重了孩子完整的人格。他们内心的一切只属于自己，所想所感是神圣不可侵犯的。当然，孩子们也有吐露心声的需要。

我相信，最契合孩子想象力的，恰恰是不可言传的东西。让大人理解这一点，难度不小。大人往往感受不到存在着另一种层面的解读，而且他们喜欢将之简化，或将之斥为无足轻重。但是，我的目的不是要说服大人，他们不是我最重要的对话者，我首要的对话者是孩子。如果大人能跟上我的脚步，那自然更好。

左图：艾姿碧塔未发表图。

每当谈起我作品里“神奇的解决办法”，大人常常质问我：“这算不算一种顾左右而言他的方式？”但是，这种神奇恰恰是必须的，而且是我有意为之的。因为故事的主人公是孩子，应该由他们来主导故事的解读，水到渠成，达至结果。孩子们从中学会一个道理：到了一定的时候，需要他们自己去解决困难。相反，如果预先给出了答案，故事将变得肤浅。但是，没有人能够十拿九稳地预估孩子的反应。相反，我们需要潜移默化地培养他们的自信，让他们感受内心的力量，帮助他们面对生活的跌宕起伏。这也不是什么新鲜事，很多童话早就证实：最终，孩子会比父母做得更好。《小灰的故事》（*Petit-Gris*）里就有一块深受孩子欢迎的神奇海绵，可以帮助他们冲破禁忌：从精神上，将自己的未来和父母的命运区分开来。

有一次，在发车前几分钟，我问旁边的乘客：“这列车开往布莱顿吗？”他没有简单地回答我“是的”，而是说“但愿如此！”这句“但愿如此！”相当于暗示我：第一，他也去布莱顿；第二，他和我一样担心上错车；第三，即便上错了车，那也是有难同当，我们可以觉得宽慰些。

超越简单的外表去领悟其中的深意，本身就是一种快乐。小孩对语言、语言游戏及其言外之意是格外敏感的。他们喜欢押韵的东西，喜欢文字游戏，

左图：埃皮纳勒版画[1]。

也喜欢美文。我有一个朋友，每天晚上给他儿子读一段《白鲸》[2]。显然，对一个小孩来说，这本书太难了。但每次读完，孩子都会说："我什么都没听懂，不过这太棒了！"

我的书被引进到国外，成年读者的缺陷就暴露无遗了，他们对文本常常是一知半解。很少有译者能够把握到位，尊重原笔原意的更是凤毛麟角。有一次，我发现了一个谬误百出的译本。我意识到，某些出版商认为，一个对法语似懂非懂的人，只要凭借一本字典，也够格成为译者。我失望透顶，但无能为力，有时译者的署名甚至比我的名字还要醒目。故事里那些含而不露的原意，要么被译者全盘删除，要么被和盘托出。我的正常读者被译者当作嚼饭与人的对象，似乎这些读者不能独立思考，无法欣赏我的故事。

接下来是另一个令人痛心的例子。在《弗隆和缪塞特》中，我特地使用词语"带刺篱笆"来表示战争的爆发。通过上下文，所有的成年人都明白，这个词指的是"带刺铁丝网"，但是他们并不理解我去此存彼的意图。我看过好几个译文版本，很少有译者保留了我的原笔原意。毫无疑问，擅自篡改暴露了他们的双重不理解：第一，不理解作品的文图关系。我特意把词语"带

[1] 埃皮纳勒版画（*Images d'épinal*）流行于十九世纪的法国，以鲜艳明媚的色彩来呈现流行主题。出版商是让-查尔斯·佩勒林，他出生在法国东北部城市埃皮纳勒，因此他以出生地来命名自己创办的印刷厂，人们也以此来称这种类型的版画。

[2]《白鲸》是美国作家赫尔曼·麦尔维尔（Herman Melville，1819—1891）的代表作，凭借厚重的内容、史诗般的体量和优美的文本，被誉为美国的《哈姆雷特》。

左图： 艾姿碧塔绘制。

对页图：《米尔顿的婚礼》(*Le mariage de Mirliton*)插图，这是诗人的意中人——美丽的杜尔西内娅。

刺篱笆”放在首页，读者翻页之后，才会看到相关的图像，文字和图像的前后呼应有力地渲染了故事的氛围。如果删除了前一页的词语“带刺篱笆”，那么我苦心孤诣营造的效果将荡然无存；第二，不理解儿童的认知习惯。在孩子的眼里，“带刺铁丝网”这个词语不常见，听起来很抽象。绝大部分孩子从来没见过这种东西，而且无法理解这个复杂的复合名词，难以引发联想[1]。相反，所有的孩子都能轻而易举地想象，一排带刺篱笆拦住了熟悉的路。“带刺铁丝网”有着术语的精准性，但枯燥干涩，而“带刺篱笆”更贴近生活，易于激发感官联想。

另一个例子是美国版的《迪克与星星宝宝》(***Dikou & le bébé étoile***)。译者的法语水平堪忧，仅仅停留在听力层面。他把故事的主人公萤火虫，译成了“闪亮的玻璃片”。对此，我百思不得其解：难道这种荒谬的错译是基于同音异义？[2]

---

[1] 在原书中，艾姿碧塔用了词语“haie d'épines”（带刺篱笆），而“fils de fer barbelés”（带刺铁丝网）是一个复合名词，比较复杂。

[2] 在法语中，“ver luisant”（萤火虫，直译是“闪亮的蠕虫”）中的“ver”（蠕虫），在发音上与“verre”（玻璃）相同。

西奥多

“

我有个小兄弟，叫西奥多。他其貌不扬，是一条三色杂毛犬，长着一双鼓鼓的金鱼眼，嘴巴还散发着一股垃圾桶的恶臭。他是我们家唯一的雄性，也是一个爱争风吃醋的大男子主义者。总之，他是一条恶犬。平常他趾高气扬，好像他才是主人。他行动完全自由，来去自如，而且常常摆出一副恶狠狠的样子。谁也不能遏制他的自高自大，更不能干涉他决不依附任何人的独立精神。但是，对于这条讨厌的狗，我们选择原谅他的一切，包括咬人。因为他是一条忠犬，他对我们的爱炽热而专制。

西奥多有很多我们不认识的朋友，都是他在离家出走时

上图：《小五》插图。

碰到的。我们不太清楚他的奇遇。我们不时会听到一些传言。比如，他曾经在路边躺了几天，也许是病了，也许是受了伤。其间，有一条神秘的狗守在西奥多旁边，不允许任何人靠近。我们也知道，由于他的名字听起来像一个人类男孩，所以整个童子军团都误以为他是个失踪的小孩。结果，所有人打着灯笼，在圣·奥蒂尔山的侧峰找了他整整一晚。

西奥多老了，不得不改变四处游走、无拘无束的习惯。从那个时候开始，每个星期都有一辆劳斯莱斯，停在他颐养天年的狗屋前。一位优雅的女士从车里走出来，没人知道他们是怎么认识的。这位女士来访时，总是不忘带上各种美味：油光锃亮的吐司、香喷喷的花色小蛋糕，以及百万富翁才能吃到的昂贵美食。”

对页图：《小兔子跳跳的葬礼》(*Petit lapin hoplà*) 插图。这本书讲的是哀悼，灵感来自英国童谣《谁杀死了咕咕罗宾？》[1]

右图：《小灰的故事》插图。

我们为什么应该跟孩子讨论一些沉重的话题？

很多人避讳跟孩子讨论沉重的话题。对此，我持保留态度。首先，避而不谈也无法改变这个事实：沉重是生活的一部分，是孩子迟早要面对的现实。即使是孩子，也难免遭遇生活的磋磨和苦难。疾病、贫困、被抛弃，甚至犯罪、剥削、死亡等不幸，都有可能落在他们头上。孩子们常常直接或间接经历着苦难，默默地接受着考验。我感觉，成年人回避类似的话题，恰恰是他们以道德为幌子来掩盖自己的无知。

我的图画书涉猎了如下话题：被父母抛弃的孩子、战火中的孩子、处于贫穷与性犯罪阴影下的孩子等。我创作这类作品，不是因为我是施虐狂，而是想给孩子提供一些工具，让他们去思考那些无法回避的事情。同时，我也怀有期望（也许是荒谬的），希望此类作品将使孩子们免受伤害，哪怕只拯救一个孩子，哪怕只拯救一次也好。

我作品的主人公通常都是动物、小丑、波奇尼拉[2]，人的形象则比较少见。即使主人公不是动物，我也会通过细节来暗示，并非真有其人。而且，我的故事隶属童话的虚拟空间，我不希望渗透过多的当代隐喻。

---

[1]《谁杀死了咕咕罗宾？》(Cock Robin) 是一首英国黑色悬疑童谣，发表于1744年，大意是："谁杀死了咕咕罗宾？/麻雀说，是我！/是我用弓和箭/杀死了咕咕罗宾。"

[2] 起源于十七世纪意大利假面喜剧的丑角，后来成为那不勒斯木偶戏中的固定角色。在法国木偶戏中，波奇尼拉长着鸡胸龟背和大长鼻子，嗓音尖细，爱吵爱闹。

左图：《我们要去钓美人鱼》草图。
对页图：《光屁股小猪》插图。

我选择动物作为主角还有更重要的原因：通过动物形象，对敏感话题的讨论便有了不可或缺的疏离感。比如，我以间奏曲的形式创作了一本图画书，讲述了小猪被屠夫邀请到家里吃果果，最后奇迹般地躲过了明晃晃的尖刀。这个故事暗示了遇到变态的危险。如果说，我把邀请表述为“跟我来，我给你果果吃……”，那么在暗示危险的性质和程度时，我的目标是孩子的潜意识，他们对性侵害并非一无所知。这些话题都没法直言不讳地讨论。假设我使用儿童的形象，即便用隐晦的曲笔，依然有可能掀起轩然大波。在探讨此类话题时，我们应该慎之又慎，但这不是不做反思的理由。

我认为，道貌岸然地给孩子灌输一知半解的东西，等同于撒谎。成年人没有必要不懂装懂。人们通过文和图来教授史前历史，“白皮肤、蓝眼睛的人种出现时，文明时代就到来了”云云。说得煞有介事，好似自己真的曾活在那个年代。同样的，有人绘声绘色地描述死亡，好像自己真的去鬼门关走了一趟。这些都是无稽之谈。我们当中没有任何人经历过死亡，不是吗？那么，我们凭什么把死亡的体验说得活灵活现？相反，很多人的确经历了丧亲之痛。如果需要跟孩子探讨生老病死，唯一可谈的就是哀悼。

有一些书的出发点是好的，但发展到后来，往往面目全非。比如，有的作品宣称必须深爱过一个老人，才不会对衰老谈虎色变。还有一些反对种族

跨页图： 艾姿碧塔未发表图。

歧视，倡导宽容的作品，结果在书里用老鼠的形象来代表外国人。

既然谈到了我不喜欢的书，那就可以重温一下我的分类法。我认为，根据这个主题就可以构思一本书。一旦选定了读者对象，不管是父亲、母亲还是孩子，那就应该一以贯之，而不是改弦更张。在我看来，如下类型的书籍令人作呕：第一，有些书华而不实，打着虚构的幌子来灌输意识形态；第二，有些书虚张声势，自诩是博物学书籍，实则宣扬的都是伪科学；第三，有些书挂羊头卖狗肉，自称为孩子立言，其实只是自说自话。作者既没有孩子敏锐的感受力，又没有孩子兼收并蓄的开放性。取而代之的，是他们僵化的单向线性逻辑，无法写出有意蕴的文本。但最令人深恶痛绝的是，某些作品谎称是孩子的知音，只是为了首先消除孩子的戒心，然后一步一步地给他们灌输所谓的“最终教训”。骗取孩子信任的后果，就是让他们永远地丧失阅读

的兴趣。最后，我们得时刻提醒自己，不要让内心的幼稚占了上风——希望自己无所不知，认为所有的问题都有答案；羞于承认自己也有知识空白和经验盲区；甚至强不知以为知，好为人师。

我们应该进一步区分两种立场：一种是替孩子发声，代孩子立言；另一种则相反，告诉孩子成年人看待生活的态度，用同样真诚的态度，来和孩子平等地对话。我和孩子们有一份心照不宣的契约，我希望孩子们能感觉到我对他们的尊重。我总是蹲下来和他们对话，而不是居高临下地把他们作为研究对象。无论我的读者年龄多大，哪怕是婴幼儿，我都遵守这份契约。我有幸生活在重视儿童智慧的时代，这也是这个时代最令人振奋的地方。想想过去的人们，居然对此视而不见，真是令人惊讶！

对页图：《坏蛋波奇尼拉和我》（*Polichinelle & moi*）封面。

Une vache dans la baignoire

浴缸里的奶牛

有一天，我突发奇想：创作一本有叛逆色彩的图画书，而且离经叛道要是全方位的，包括视觉设计。我决定大胆地向当今的青少年取经，借鉴他们在城市各个角落里挥洒的涂鸦艺术。

既然选择了叛逆，那我就一条路走到黑——把我的母亲作为攻击对象。首先，我画了一头红奶牛疯妞[1]，她情感充沛，精力过人。她面对的是娇小但可怕的叨叨小姐[2]，正如当年我面对厌恶我的母亲一样。而且，叨叨小姐的穿衣打扮与我记忆中的母亲一模一样。以至于我拿到样书的那一刻，一阵痛苦袭来，勇气顿失。幸好，这种怯懦转瞬即逝。而且，稿件已经付梓，木已成舟。

因此，我通过隐喻将自己的母女关系搬上了书页。正如故事里的叨叨小姐勇斗疯妞一样，现实中的母亲也想方设法地从各方面控制我。其实，她大可不必如此大动干戈，因为我一直战战兢兢，乖巧听话。但我的谨小慎微却丝毫没有改变她把我看成洪水猛兽的心态。而且，在驯服我这件事上，她自认为全盘皆输。雪上加霜的是，她认为自己势单力薄，却还要满足我贪得无厌的成长需求，比如我的衣服总是不合身，显得太小。眼看着我一天一天地长高，力气一天一天地变大，她心里百般不是滋味。

---

[1] 原文是"Cornefolle"，直译为"疯牛角"。

[2] 原文是"Miss Patati"，在法语中，"et patati et patata"是一个俗语，多用来形容唠唠叨叨、喋喋不休。

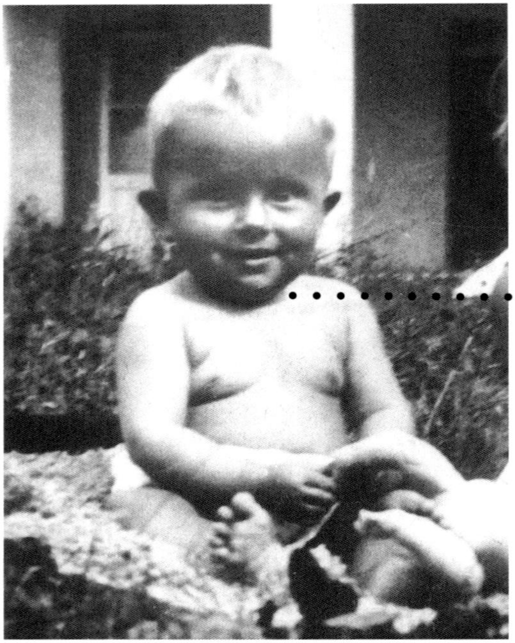

左图：我的婴儿照。我身上有一种说不出来的东西，让母亲心生怨恨。她对把我生下来这件事从来没有释怀。我需要长时间的心理建设，才有勇气提起笔，直面这个残酷的现实。（艾姿碧塔收藏）

对页图：《疯妞》（*Cornefolle*）插图。疯妞和叨叨小姐是最具自传性的两个形象。

无论我做什么，都无济于事，都无法消弭或减少一丁点儿她的敌意。她坚信，自己意外怀孕，结果生养了一个面目可憎的大怪物。我就是那个爹不疼娘不爱的孩子，只有消失了或者死了，才能让她如释重负。我这个没人要的孩子压根也想不通，我到底错在哪儿，我该何去何从。我和母亲的隔阂始终都没有消除。啊！可以说我忍耐了太久——我的童年、我的青年，乃至我的一生，都处于被母亲不公平对待的阴影下！终于等到了这一天！我允许自己对母亲吐舌头，在背后挠挠她，惹恼她，甚至做更出格的事！是画画允许这种“不孝”，是画画让我拥有了豁免权。

Coucou ! Miss Patati,
c'est Meuh !

第 180—181 页图：《你疯了吗，疯妞？》（*Es-tu folle Cornefolle?*）插图。

对页图：《疯妞》插图。
右图：《疯妞》草图。

这两本以疯妞为主角的书[1]，最具有自传性，也是我的最爱。看似杂乱无章的造型隐藏着严密的构思和大胆的版面设计。而且，我在创作时悟出一个道理，笔法的缓急在作品里是有迹可循的。我一次又一次地被问及一个近乎无解的问题："您需要多少时间来完成一幅素描、一本书、一幅油画、一个雕塑？"问题在于，创作时间有着犬牙交错的几个时段：形象萌芽的时段（或是从前，或是很久很久以前），形象发展的时段，以及众所皆知的动笔创作的时段。人们总习惯单挑出后者，来衡量画家的付出。但是对创作者来说，比起漫长的酝酿期，提笔作画的时间不值一提。自从创作了《疯妞》，这个问题迎刃而解：只需要看看图，就可以评估笔法的缓急。如果说，我笔下的红奶牛给人一种精力过人的印象，那并不是来自它的颜色（比如皮耶罗·德拉·弗朗切斯卡[2]画作里的红色，透露着庄重纡徐），而来自奋袂如风、须臾而成的笔法。我落笔如击剑，一笔一画似利箭脱手，奋力挥就了纸上的讨伐和控诉。

[1] 分别是《疯妞》和《你疯了吗，疯妞？》。

[2] 皮耶罗·德拉·弗朗切斯卡（Piero della Francesca，1416—1492）是意大利文艺复兴初期的绘画巨匠，其作品构图遵从透视法，具有建筑结构式的深稳精密，色彩严丽庄重。

左图：艾姿碧塔未发表图。
对页图：《孩子去哪儿了？》插图。

也许，世间有诸多不可解之事：大人对小孩一无所知，但大人无一例外都曾经是小孩。这难道不是咄咄怪事吗？小时候，这个问题一直萦绕在我心头，引发了满腔的愤怒。我暗自发誓，等长大了我决不会忘记童年的感受。小孩有着与大人截然不同的理解力。如今，这已经成为公认的事实。但是我怀疑，大人是否对这一事实心悦诚服呢？小孩对文本的理解有着特殊的方法，而这种方法常常被大人嗤之以鼻，因为他们老早就将童年的思维抛之脑后。随着时间的流逝，什么让大人完全丧失了童年的感受力，千篇一律地思考呢？大人满脑袋都是条条框框，一手拿着戒尺，行使着绝对的权威。就这样，大人与小孩之间隔着一条误解的鸿沟。

可以肯定的是，小孩看待世界的眼光不同于大人。新生儿既没有偏见，也不会墨守成规。我想起最近一次经历。当时，我坐车经过巴黎皇家港口大道，露天集市已经收摊，清洁工正在清扫堆积如山的垃圾。突然，我的眼前出现了一堆花花绿绿的东西，淡粉、玫红、翠绿，煞是好看。在这处好风景驻留的片刻，足够让我认识它的庐山真面目。原来，那只是一堆垃圾：木条箱、网兜、各种残羹冷炙和腐烂的蔬菜水果。

让我们想象如下情景：一个孩子坐在婴儿车里，碰巧经过这个市场，看到了刚才的那一幕。他不带任何成见，看到什么就是什么：眼前这堆东西，无论颜色、质感，还是光泽，都让他挪不开眼睛。但是，当他刚刚想伸手，或只是用手指了指，大人会立即说："不要碰，脏得很！"

左图：《小马虎》（*Couci-Couça*）插图。

对页图：《小马虎的家》（*La maison de Couci-Couça*）插图。

大人的训诫让他明白，世上还有另一套解读模式，他现在的任务不是欣赏这些简单美好的事物（这种看世界的方式是奢侈的，如果他真的为此着迷，稍晚些也许可以再续前缘），而是务实地学习一些常识，理解大人想给他观看、想让他明白的东西。儿童越是向着这方面发展，他以艺术之眼来观看世界的能力也越是薄弱。这种能力包括即时地捕捉美的瞬间，以不染凡俗的天真之眼来静观万物，依照事物的本真面目以物会心，而非一上来就迫不及待将成见投射于物。

我们都注意到，即便周围沸反盈天，婴幼儿依然能泰然自若，不为所动。我的语言学家朋友解释说，只要不解读所见所闻，恐惧便无由而生。相反的，到了一定的时候，一切无法纳入已知领域的信息都会令人无所适从。人们曾经问我，面对成年人的不解，孩子是否只能选择默默承受。其实，我觉得情况更严重：孩子会通过自我审查，主动阉割这些能力，而这是孩子进入成人世界需要付出的代价。因此，他哪一天再次路过集市时，将会指着那堆五颜六色的东西，给出一个最新的判断："脏死了！"这句话宣判了某种能力的终结，他再也不能看到杜布菲[1]所说的"那真正的光彩"，因为物的真正面目已经化为乌有。

---

[1] 让·杜布菲（Jean Dubuffet，1901—1985）是法国画家、雕塑家和版画家，其创作以摆脱观察习惯和文化俗见，破除正统的艺术规则和技巧为特征，让人联想到儿童涂鸦的自发性和史前洞窟壁画的野性。代表作有《四棵树》《装饰品小园地》。

词语有着双重的力量，一方面，词语扼杀它所指的物；另一方面，词语又是人类核心的指示工具。学会一个词语，意味着扼杀这个物带来的直观感受。成年人生活在由语言符号系统主导的虚幻世界里，生活在一个再造的世界里。所有以儿童为对象的象征体系，包括游戏、玩具、童话、童谣和儿歌，只是进入成人世界的准备工作。至于孩子自身的意愿，并不在考虑之列。从童年起，我们就习惯了运用既成的符号体系，来形成理念和培养能力。随着时间的流逝，我们越来越多地把本属于私域的自我感受外包给外界。就拿上文那个小孩来说，算命人能十拿九稳地预言他的未来："与其回想，你会写下来；与其走自己的路，你会去查地图，按照已知的路径亦步亦趋；与其拥有独立的判断，你会人云亦云……"据说，毕加索曾这样问他的好友沙巴特斯："你见过哪只鸽子边飞边看指南针？"

几年前，我开设了一门写生课，其中的所见所闻再次证明：大部分人早已把观看世界的原初方式忘得一干二净，他们念念不忘的只是寻找意义。在他们眼里，万事万物只存在含义的关联。而且，教育的目的不正是灌输这些筛选概念吗？不要碰它，因为或好脏，或扎手，或咬人，或很美，或很丑，或很好，或很坏。换句话说，教授孩子既定的认知，以便在随后的日子里，成人无须亲力亲为，只需要拈出现成的东西来敷衍孩子。

左图：艾姿碧塔未发表图。

对页图：《米尔顿的婚礼》插图。

孩子有着开放的心态，喜欢创新，而大人早就将这些潜质弃之如敝屣。孩子因此不得不屈从于环境，模仿周围人的言行举止，规范自己的一举一动。因此女士，您的女儿不是不愿意表达。恰恰相反，她有哪一天不画画吗？类似情况常常发生在童年的某个时期：当成人的世界充斥着太多的空言虚语时，小孩会选择我手写我心，用线条和颜色来表达心声。

比如，小孩画一所房子，会画一堵墙，墙上开有四扇窗，房顶上立着冒烟的烟囱，最后在纸上一角画个太阳，就大功告成了。成年人则会冥思苦想：房顶上的一片片瓦、花园里的每株草、靠墙的自行车的每一条辐条，以及三维透视等，简而言之，成年人孜孜以求的是展现他们与日俱增的知识。

左图：艾姿碧塔未发表图。

在画画课开始之前，常常有学员说："我很想学画画，可是我连笔都不会拿。"但奇怪的是，这种学生常常是表现最好，进步最大的，因为他们恰似一张白纸，脑袋里没有那些让他们雾里看花的"知识"。我只需要将他们放进一个陌生的视觉环境里，阻止先入为主的理念妨碍他们创作。几个小时之后，这些学生就恢复儿童视角，以"我眼"看世界，而非以"理念"看世界。同时，他们也发掘了临摹的能力，因为写生与拿铅笔的那双手没太大关系，反而与看东西的那双眼睛大有关系，所以需要解决的是脑袋里的象征符号与眼睛看到的现实的二元对立。

我的一些作品，目的是挑战成年人的解读方法，比如很多晚间活动是禁止儿童参与的。孩子们睡觉了以后，家长在做什么？星星、月亮和狼群在散步吗？就是在漆黑的夜里，灰姑娘去参加了舞会，也是在午夜时分，她逃走了，慌乱中遗落了水晶鞋。我们也知道，舞会举行的黑夜也是巫婆出没的时候。可是孩子们去不了舞会，他们得乖乖地躺在床上。于是，我很早就塑造了迪克这个人物，代替那些熟睡的孩子去探索茫茫黑夜。

而且，迪克毫不掩饰自己喜欢黑夜冒险。有些家长会心存疑虑："首先，我们不知道这个迪克究竟是什么。而且大晚上的，他还自作主张到处乱逛。

左图：艾姿碧塔未发表图。

这肯定会吓到小孩。兴许，还让他们萌生月下夜游的想法。”

事实恰恰相反，是大人自己混淆了虚构与现实，而迪克这个稀奇古怪的人物并没有这种嫌疑。首先，他是个绿色的小人儿，因为他的爸爸是蓝色的，妈妈是黄色的。其次，他头上长着神秘的突起，这让他看起来既像动物，又像植物。这副怪模怪样可一点儿没吓倒孩子，却惹恼了大人，他们执意想给这个神奇生物做一个泾渭分明的分类：他究竟属于小精灵、地精还是小矮人？最后，他的特点和习性都迥异于人类。况且，孩子压根不会将自己的经历与童话故事混在一起。迪克故事的共情点是，帮助孩子思考黑夜。至于孩子自己，可不想在伸手不见五指的夜晚出门：他太害怕了，而且家长也不允许。其实，孩子喜欢听听离奇的故事，过一把冒险的瘾，最好有个主人公代替自己去上天入地，摘星捞月，自己却可以舒舒服服地躲在温暖的被窝里，心想：“幸好妈妈就在隔壁，随叫随到。”

另一本《迪克和星星宝宝》是我最喜欢的故事之一。它讲述了孩子的觉醒，开始懂得为人父母的艰难。孩子们玩过家家，通常喜欢扮演爸爸妈妈。但是如果游戏变成了现实，怎样抚养一个星星宝宝呢？

对页图：《滴水兽和巫婆们》插图。

下图：《鹿角精灵和音乐鸟》（艾姿碧塔著绘制，莎朗·卡娜琪[1]配乐）插图。我在米卢斯的家，院子的外面是一个果园，果园的外面是一个工厂，工厂的屋顶上站着一只唱歌的乌鸫，它的歌声美妙极了。我尝试着重现它的啼叫，但徒劳无功，因为那是“鸟儿的天籁”。

和所有新生儿一样，它像外星人似的降临世界。迪克的父母觉得，这个奇怪的小东西就像一条发亮的毛毛虫。不管怎样，迪克打心眼里喜欢它，但是该怎么喂养它呢？事情毫无头绪，小东西的光芒日渐微弱。不管迪克给它什么，它似乎都提不起兴趣，但它又不像是生病。后来，在父母的帮助下，迪克证实了自己的猜测：这的确是一颗下凡的星星，而且永不熄灭。

就《鹿角精灵和音乐鸟》的出版，我与纽约的出版商洽谈了将近两年，双方合作愉快，进展顺利。谁曾想，对方的一封来信顿时使我跌入谷底，来信质疑鹿角精灵会骑自行车：“故事刚开始时，主人公在海上诞生，这是为什么呢？而且，他还在海上骑着自行车，这太不符合逻辑！”这个例子证明，成年人对逻辑自洽有着不可动摇的信仰。他们天真地认为，有了逻辑的加持，事情才不至于牛头不对马嘴。

[1] 莎朗·卡娜琪（Sharon Kanach，1957—）是美国作曲家，长期生活在巴黎。

对页图：《拉莉鼠和卡迪猫》插图。故事发生在卢森堡公园。那时，卡迪猫是整条街无人不知、无人不晓的大人物。晚上，他凄厉的叫声让人闻风丧胆。

右图：艾姿碧塔未发表图。

有一次，我和一群师生在卢森堡公园野餐。他们来自巴黎郊区，这次进城是为了和我一起参观《拉莉鼠和卡迪猫》的故事发生地。午餐和谐友好的气氛感染了老师们，他们开始推心置腹、直言不讳地指出这个故事的逻辑漏洞。小老鼠拉莉的命运一出生就被染上悲剧的色彩：鼠妈妈被坏蛋卡迪猫追得无处藏身，只好扔下拉莉，逃之夭夭。善良的乌鸫光棍收养了小拉莉。最后，鼠妈妈历尽千辛万苦，与拉莉团聚。而且，她和乌鸫结为夫妇，从此三口之家幸福地生活在一棵梧桐树上。

一个老师开始毫不留情地批评："老鼠和乌鸫结婚是反自然的。"这种质疑是我始料未及的，我顿时目瞪口呆，脑袋里寻思着应对方法。还没等我回过神来，她的同事开始替我辩解。但是，她的维护反而让我更加不解，因为她无比坚定地说道，结婚不要紧，反正乌鸫和老鼠又不能生孩子！

左图:《滴水嘴兽和巫婆们》插图。
对页图:《被施了魔法的神秘猫》插图。

以皆大欢喜的方式来结束故事，在我看来是天经地义的，而且孩子们也认为这是自然而然的，他们压根不去考虑所谓的基因隐患。主人公的坎坷身世让孩子们洒下热泪，还有比大团圆更让人开心的结局吗？而且，既然已经有了拉莉，为什么还要再生一个呢？

关于这个故事，我还要解释一下它的结尾：拉莉鼠奇迹般地驯服了迪克猫。这其实是一个象征，与我驯服故事如出一辙。在生死攸关的时刻，老鼠必须立即心生一计，以免被猫吃掉。同样，创作到了某个临界点，作者必须灵机一动，以免泥足深陷，不能自拔。写着写着，我总是会走到这一步：我怎样顺利脱身呢？因为在提笔之际，我从来不知道故事将要走向何方，一切都是未知的。这样说来，拉莉鼠正是我作为作者的自画像。也许，她意味着更多的东西，谁知道呢？而且，她找到了自己的使命——驯猫师，正如我成了童书作者。因此，这只老鼠就是我，不是吗？我小的时候很害怕老鼠，于是我假装自己就是老鼠，以便其他人都对我刮目相看。

下图：《柯蒙迪雷女士们》，作于 1600—1610 年间。1955 年，英国泰特美术馆接受匿名捐赠，获得这幅油画。巧的是，这幅画的绘者也是无名氏，甚至画中人的身份也是个谜[1]。有研究表明，画中人并不是双胞胎。然而这幅画却让双胞胎们为之痴迷。这不，我就是经由一位双胞胎朋友的介绍，才知道了这幅画。（英国伦敦泰特美术馆收藏）

[1] 对于画中人的身份，有研究表明，两位贵妇人来自英国柴郡的柯蒙迪雷家族。油画镌有铭文："她们同日出生，同日结缡，同日诞下麒麟儿。"可备一说。

Ceci n'est pas une pipe

这不是一支烟斗

我喜欢制造秘密，并且保守秘密。但是当这些秘密成千上万地被复制、发行，该如何保守呢？其实，方法很简单：展现在公众面前时，我的图画书已是复制品的形式。复制意味着神秘，也就是“骗局”，它让读者远离原画，没法钻研创作过程。当然，这里指以印刷为目的图像，印刷属于创作中不可规避的有机部分。我们是否可以说：图像复制的历史，就是艺术家逐步丧失复制手段的历史？复制媒介的工业化意味着整个产业远远地超出了艺术家有限的个人能力。

我们知道，在印刷过程中必然有这样那样的改动，很多艺术家叫苦连天，也有少数人是欣然接受的。杜布菲就给印刷技师路易·巴尼耶（Louis Barnier）写了一封意味深长的信，其中的口吻让人很难说是在嘲笑，还是在自我庆幸。杜布菲颇为得意自己作品里的牛形象，认为它是自我的外化。但最后，印刷出来的牛形象与杜布菲的原作大相径庭，变成了一头花里胡哨的牛。万般无奈之下，他这样写道：“这头牛的形象经过印刷，看起来百无禁忌，效果算得上糟糕透顶。”

按理说，作品里的技巧或隐或显，或藏或露，都应该我说了算。如果经过印刷放在读者面前的不是水彩画，而是工业印刷产品，那何必要多此一举

模拟水彩的效果？和其他媒材一样，印刷术也承载着特有的风格。我牢记这一点，无论是构思还是页面布局上，我都会做出相应调整。当然，有些作品本来就不是为工业化印刷而作的，如果印刷造成了失真，那就是另外一回事了。在这种情况下，复制常常沦为背叛，但这种背叛值得玩味。

如果我们翻看艺术史书籍，常常发现一幅小型画作或一个细节被成倍放大，给人一种壮观甚至气吞山河的错觉。相反，那些史诗级的超大画幅却被缩小，导致画面空间密不透风，细节密密麻麻，难以辨认。这两种情况都属于误人子弟的以假乱真。如果看到马格利特[1]名作的复制品时，我们应该意识到这不是《这不是一支烟斗》，而是寄生在原作上的商业图像，是假上加假。如今，艺术经典成为商业图像取之不尽用之不竭的灵感，阳春白雪和下里巴人两种风格因此混为一谈。

总的来说，商业复制任意地操纵、扭曲图像，我们也很容易变得麻木

[1] 勒内·马格利特（René Magrie，1898—1967）是比利时超现实主义画家，其作品常常赋予日常用品以崭新的寓意，或将本不相干的事物扭合在一起，给人一种荒诞、幽默的感觉。他最广为人知的作品当属《这不是一支烟斗》。他的代表作还有《戴圆顶硬礼帽的男子》《夜的意味》《单词的使用》。

对页图： 亚伯拉罕·布鲁泰林[1]创作的版画，形象地体现了巨型画幅被压缩后造成的恶果。（艾姿碧塔收藏）
右图： 马格利特《这不是一支烟斗》，作于1928—1929年间。画里的烟斗与实物大小相仿。

不仁。连我自己也花了一段时间才意识到，对画面大小的感觉并不源于原画的实际尺寸。除了少数例外，大部分的画作都是以缩小的方式来呈现的。无论原画的实际大小如何，书籍强加给读者的都是纸上的尺寸，而这种尺寸往往缩小了原画。怎么说呢？充其量比苍蝇才大一点点！因此，我们在浏览一本书时，便成了这种妖术的受害者。

我在美术馆里一睹原作真面目，多次难掩失望之情：尺寸居然比我想象的小很多或大很多，而这些想象全部来自数不清的复制影像的叠加。当然，也有例外。相比德加[2]粉彩画真迹，任何复制品都黯然失色。神秘的艺术光辉与如下元素密不可分——作品的材质、真实的色调、笔法，以及尺寸，给观者带来巨大冲击力。总之，观者为真迹的光晕和灵韵所笼罩。

[1] 亚伯拉罕·布鲁泰林（Abraham Blooteling，1634—1690）是荷兰版画家，擅长画人物。代表作有《鲁伯特王子》《沃斯特主教》。

[2] 埃德加·德加（Edgar Degas，1834—1917）是法国印象派画家，擅长捕捉光影的瞬间和人物动态。代表作有《调整舞鞋的舞者》《舞蹈课》《贝利尼一家》。

左图：《小小航海家》插图，月落悲歌。

对页图：《巫婆的魔法书》插图，展现了画里画外的无垠之路。

值得注意的是，真迹之妙透彻玲珑，如羚羊挂角，无迹可寻。它独一无二，而机械印刷所得到的只能是原画的复制。因此，批量生产的印刷品千人一面、千篇一律：无论艺术家在原作里使用了什么媒材，印刷品呈现的都是一层工业颜料。

根据视觉规律，我们只能够理解有印象的东西。没有记忆的辅助，目光所及都是一片混沌，我们浮光掠影地一扫而过，不知道目光在哪里应该逗留。而且，只有形式、材质和内容都是崭新的，才称得上是名副其实的创新之作。对观者而言，新作是完全陌生的，只能在复制之后才能欣赏。因此，我的造型艺术活动截然不同于童书创作：前者是无法复制的，或对我有所了解的人才能看懂复制品。因为这些作品不同于插画，没有参考的标准，我的创作初衷也不是为了复制，而是追求石破天惊的创新。

对页图：《童年故事集》插图。

右图：《疯妞》草图。

不同于童书插画，我的造型艺术只用一种颜色：黑色。记得有人向我吹嘘，他的电脑显示器是一千六百万像素，我笑而不答。人们把科技夸得天花乱坠，但是我的探索对象早就不是色彩，甚至也不是纸张。对我来说，空白是一种势能。未开启的屏幕不是灰的，就是黑的；而未书写的纸张却闪着纯白光辉，等待着我用黑色去掩盖，在黑白调和中创造图像，发现规律。多年来，我一直用中国水墨。最近，我发现了一种最美丽的黑，连它的名字“火星之黑”我都喜欢。

一般来说，图书制作受各种外界需求的制约：时兴的儿童观、商业生产的能力、生产成本、可控价格的区间、教育意义、家长的要求、书籍类型、开本限制等。在这些条条框框中，还得加上一条，即我要求童书应该发挥图像博物馆的功能。如此种种都让童书创作与造型艺术活动相去甚远，因为造型艺术家不需要遵从除了自身以外的任何其他要求。他们自创规则，是创作真正的主人，一举一动只为了推陈出新。

左图：《画家》（*L'illustrateur*），艾姿碧塔绘制。

对页图：《被施了魔法的神秘猫》插图。

我们常常忽略，大众图像的风格与创新都取决于机械复制。而且，每一种复制技法都催生了新风格：木刻版画法、腐蚀铜版法、雕刻刀法、石印法、照相印刷法等。时至今日，工业复制技术如盐化水似的渗入生活各个领域。但是，大多数人对此浑然不觉，他们看到的只是呈现出来的图像。其实，这属于人之常情。试问，中世纪的人们是否会注意教堂里彩画玻璃窗上的铅呢？我相信，人们看到的只有上帝、天使和圣人的光辉。与此相反，帕雷的同时代读者，稍加好奇便会发现，“埃及野牛”版画技法拙劣，而且画的分明就是一头犀牛。

与语言一样，各种图像代码都免不了过时，新技术层出不穷，昔日那些令人神往的东西转眼间便显得相形见绌。人们对过时的图像是一扫而过，视而不见的。被滥用的风格，注定堕入僵化、刻板和单一的境地。虽然相隔几个世纪，我们依然能轻而易举地辨认出这些图像。

左图和对页图：《巫婆的魔法书》插图。

现存的版画和挂毯，有不少是以路易十四太阳王[1]的丰功伟绩为主题。虽然刻画的是尽人皆知的九五之尊，画上运用的各种神话象征却阻碍了我的共情。它们都是当时用于歌功颂德的流行意象，但是我关注的不是英雄主义的主题，而是制造方法、作坊的风格、当时版画家的风格主义。如果某一项技法依然能唤起我的兴趣，那么我对其余的部分则毫无兴趣，包括表达内容、创作初衷，以及各种老一套的象征意象：羽饰盔甲、号角、战利品、不朽的桂冠。

矛盾的是，新风格也会带来新问题。接纳一种新风格需要不少努力。每逢出现新技艺、新图像、新曲调，人们需要一些时日才能熟悉它们，才能辨别创新之处。只要熟悉的过程尚未结束，新生事物和过时的东西一样，无论它们多么富于建树，都不会被欣然接纳，因为它们似乎看起来平淡无奇、味同嚼蜡。

我创作《小小航海家》和《巫婆的魔法书》，目的就是要更新那些过时

[1] 路易·迪厄多内·波旁（Louis-Dieudonné，1638—1715）是法国波旁王朝的国王，在位长达七十二年，是有确切记录的历史上在位最久的主权国家君主。他在位期间，法国成为当时数一数二的欧洲强国。

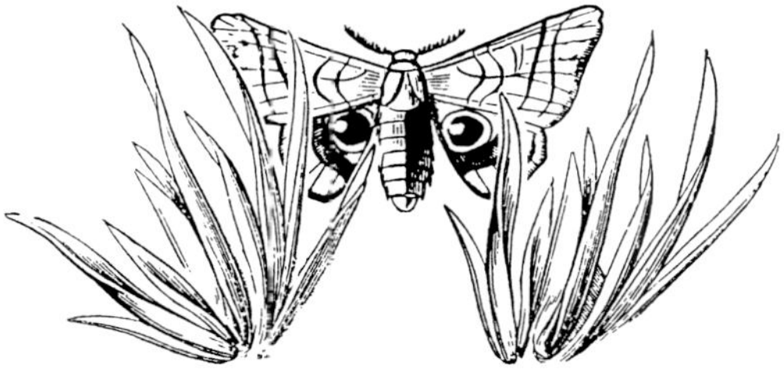

的图像符码，让现在的孩子也能看懂。当然，要唤起尘封已久的图像记忆，我用的是时下四色套版的印刷技术。从前，创作那些用于复制的原图，人们既要考虑图像自身，也会考虑复制技术。

如今，新兴技术不断地淘汰旧技术，那么新旧更替有可能造成传统的丧失。在韩国，新技术直接威胁了禅修的专注力。几个世纪以来，韩国僧人亲手临摹圣像画卷，在一笔一画中练习冥想。每个村子都有一个寺庙，每个庙里都有一个佛教艺术家。他们中的佼佼者勤学苦练十几年，学习高度仪式化的精密技法，临摹多达九千幅极其繁复的画卷，会被授予“黄金鱼”的封号。他们必须克服重重困难，其中之一就是无论画幅大小，必须遵照施主的要求把圣像毫发无遗地临摹出来，仅仅是草稿图就需要几个星期的艰苦工作。然而今天，复印技术可以轻而易举地改变图画的比例，原来旷日持久的工作瞬间就可以完成。于是延续了几个世纪的传统就这样消失了。僧人们不无遗憾，可是他们也为生产力的大大提高而感到高兴！

对页图（上）：艾姿碧塔图画。

对页图（下）：《你 + 我 = 我们》（*Toi + Moi = Nous*）插图。我的绘画技巧并不是一目了然的。

我生性喜欢胡思乱想，让思绪飘荡在超越一己的广袤时空里，我也喜欢杂糅古往今来的技法。追忆往昔，我并不是执意要复活那些失传的技法，而是重温那些正在被遗忘的方法。这么做是不是有用？是不是一定要拯救威尼斯？我不知道。生活中，我们都会武断地做出一些选择。同样，出于个人喜好，我选择了尝试。我认为，让孩子了解过去的方法，也有助于拓展思维，认识历史的多样性。

最后，让我们再次讨论一下图像的秘密。这难道不就是电视让人着迷之处？它通过复杂而神奇的设备，将图像传输到厨房的小圆桌上。一打开电视，小圆桌就变成了祭坛，神圣的表演拉开帷幕。至于这个黑盒子的屏幕上发生了什么，一点儿都不重要，因为它本身就是奇迹：一个冰冷但热闹的方框，上面不停地变换着各种半透明的伪生活。我很着迷于电视图像，因为它与过去的媒介都不同。相比那些永远“不动”的图像，电视的最大新意是它展现了动态图像。我好奇地观察着屏幕：上面的图像一帧接一帧地鱼贯而入，而且速度越来越快，图像的颜色与形式是分离的，那些断断续续的信号，看起来像抖动着的泡沫层。不知不觉间，我们的无意识被激起，在脑海里重组图像的表达。此外，我们尝试着消除屏幕上微不足道的副作用，比如嘈杂声、雪花点、色块扭曲等。

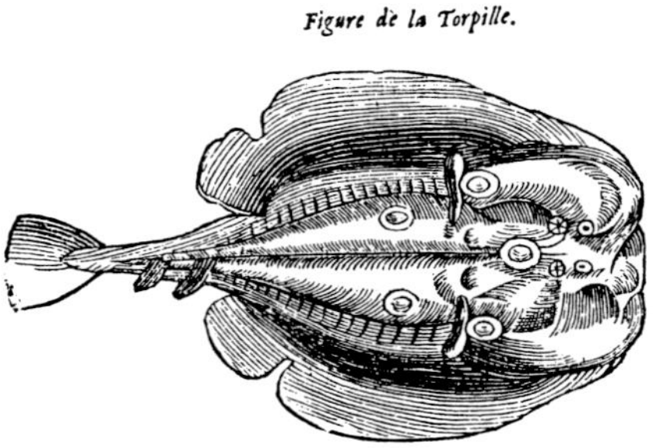

左图：安布鲁瓦兹·帕雷《述异记》插图。纪尧姆·德·萨吕斯特·迪巴尔塔斯[1]有一首诗叫《电鳐》，语言华美而诡异。这是我唯一能背诵的诗歌。

虽然每天都面对着电视屏幕的寒光，但观众很可能全然不知它潜移默化的影响。可以肯定的是，日复一日地做着某件事会改变人，否则何必勤学苦练呢？经过不懈地练习，我们有可能成为网球冠军、杰出的钢琴家、注册会计师，甚至高空走钢丝的世界纪录保持者。但是，如果我们每天暴露在电视屏幕前，每天都被电视“靶向瞄准”，那会发生什么？

无论如何，我不想冒这个险。我害怕屏幕的寒光，屏幕用最小的意义做诱饵，来餍足我的精神。正如鱼类世界里的电鳐，用的也是电击：

电鳐知道它的两侧有着
一个秘密的毒囊，装着毒液
它鲜为人知，冷酷无情
让周围的鱼类都变得僵硬
一旦有鱼儿靠近，它就射出
某种毒液，让鱼变得冰凉
效力居然能通过水流传递
截停游过的鱼群

[1] 纪尧姆·德·萨吕斯特·迪巴尔塔斯（Guillaume de Salluste du Bartas，1544—1590）是法国文艺复兴时期的诗人和外交家。他擅长写以圣经为题材的法语史诗，语言优美，语法严谨。代表作有《创世纪》《第二个星期》。

左图：《1974 年 4 月 19 日》
（艾姿碧塔绘制）

麻痹它们的神经，然后饱食一顿

就这样，鱼类死的死，活的活，直挺挺地漂在那儿

——迪巴尔塔斯《塞巴门之书》第五天

电视算得上是一种令人欲罢不能的危险之物，我尽可能地减少观看时间。只有在旅行期间，电视成了让我爱恨交加的东西。不管走到哪里，我一进客房，就打开电视。我悬置了所有的意识、分辨力和思想，让自己完全放空，好比跳进大海夜泳，把衣物全部留在沙滩上。我毫无悔意地将自己交给这个魔盒，任由它吸附我、淹没我，沉入无底的深渊。

我们庆幸第七种艺术——“动”图的诞生，而“不动”图的诞生却永远地消失在历史的烟尘中。如果要回溯不动图的起源，我们需要一架时光机，穿越到过去直至大洪水时代。如果我们有着知识考古学的精神，那也可以追溯到“不动”图诞生的远古时代。但这都是难以办到的。图像的起源已经是远古的事情，我们早已习以为常，处于日用而不知的状态。因此，重新审视它的起源，难上加难。

上图：鹿角精灵的祖先。（艾姿碧塔绘制）

实际上，我们难以想象图像诞生之前的岁月。人们常常不解地摇着头：“你到底在说什么？发明图像？哦，然后呢？”显然，他们误解了我，我指的并不完全是图像的发明，而是远古时期的祖先学会定格宇宙中一切可见或不可见的动态。我认为，这是人类最高的成就，堪称奇迹。虽然奇迹这个词已被滥用，因为如今相反的事情变成了奇迹，即图画中又重新引入了动态。你们觉得我是在夸大其词？难道你们不记得，面对这个混沌的世界，瞳孔得不停地转动，以便补充心像了吗？我们的身心都处于持续运转中，以三维的方式感知成千上万的动态现象。你若不信，就现场做个小测试：首先想想人类历史上种种令人难以捉摸的女性美标准，然后尝试可否雕刻那座无与伦比的雕塑——莱斯皮格的维纳斯[1]？接下来，尝试是否能用线条凝固以下生生不息的瞬间，创作出二维作品：野牛飞奔绝尘、野马扬蹄狂飙、犀牛箭一般地进攻[2]。

我认为，神奇的静态图像好比一种假死。（而让停顿的画面动起来则否认了这种奇迹般的稳定状态。与变动不居的宇宙相比，图像的永恒静态难道不像一种伪装、一个玩笑、一种暂时的假象吗？）而这种假死状态又是发明动态电影的必经之路，因为二十几幅静态图像才能连缀成电影的一秒钟。

人类有着惊人的一面，能够将可见的现象世界和变动的精神世界壑合成二维图像。但是，我们从何时起拥有了这些能力呢？对此，我们一无所知。人类最伟大的艺术作品中就有史前艺术家的大手笔。这些杰作的艺术水平无可指摘，让人很难想象它们是一蹴而就的，只不过我们现在已经看不到积累的过程。有的晚上，我躺在床上睡不着，浮想联翩：有朝一日，人们将丧失创作静态图像的能力，一切都将被动图取代。

---

[1] 莱斯皮格的维纳斯（Vénus de Lespugue），1922年发掘于法国比利牛斯山附近的莱斯皮格村。雕塑是梭子造型，从腹部向头脚方向由粗变细，面无表情，四肢纤细，但有着硕大的乳房和臀部。据推测，雕刻年份大约距今25000年至21000年，是远古文化维纳斯题材的代表性雕塑。

[2] 此处指的是法国拉斯科洞窟壁画，被誉为“史前的卢浮宫”，其中一个洞顶上绘有65头大型动物形象，有野牛、野马、红鹿，线条粗犷，气势磅礴。据推测，该壁画距今约有15000年的历史，对研究人类史前艺术史具有重要意义。

对页图：《月牙儿》（*Petite lune*）插图。

如今，就连书写都是动态的，电脑屏幕上移动的不再是我们的眼睛。不，移动的还是我们的眼睛，只不过这双眼睛处于持续的紧张之中，它几乎保持不动，只需要沿着已经标注的轨道滑行。这是反自然的。相反，文字段落却处于不停地跳动之中。在出版的过程中，不仅是出版人、印刷商，连我自己也使用这些新兴工具，因为它有着无可否认的便利，可以随意调整尝试，颠过来倒过去、放大缩小、修改、拷贝、删除等。我能做到弃而不用吗？即便可以，又能坚持多久呢？

现在的年轻人从小开始接触动态图，早已司空见惯。他们还能接纳看似怪异的静态图吗？他们认为，静态图充其量就是旧时代的老古董。将来有一天，他们会丧失理解静态图的能力吗？就像从小在贫民窟里长大的美国孩子，如果被带到乡村，立即感到不知所措一样：四周的宁静让他们陷入恐慌，感觉身处一片被人类抛弃的蛮荒之地。为了给自己打气，他们会说："下次来，我们得带上电视。"这样的想法既难以抵挡，又具有传染性，它会直接影响出版业的生存。

这种时代变迁，一旦引发，便一发不可收拾。徒有惋惜之情，但无济于事。然而，有的时候重温过往，也不无裨益：那些正在消失的东西的特质是什么？虽然目前我们还不清楚静态图面临的挑战，但是不妨假设一下：假设它真的消失了，连带消失的还有哪些呢？我认为，其中就有人类升华残忍本能的能力。静态图蕴含了稳定性的惊人假设，满足了我们对生命的好奇心，可以尽情地观看，同时不必杀生，不是吗？

下图：《嘟噜嘟嘟的旅行》（*Turlututu*）草图，绘制于 2000 年。

请不要以为我憎恶这个动荡的世界。相反，我小时候觉得自己就像一个被掉了包的罗姆人小孩，我羡慕那个狸猫换太子的幸运儿，是他篡夺了我的位置，代替我游走江湖、浪迹天涯。记得我在米卢斯时，每年镇上的广场都有大型的庙会活动，这个传统即便在战争期间也没有中断。那时候，四处流浪的罗姆人依然生活在有篷马车里，就像凡·高画[1]里的场景：带有轮子的篷车，开有小窗，安上窗帘和木头台阶。这景象就像是童话变成了现实，充满了魔幻，让人有点儿害怕，又有点儿难以置信。夏天的时候，有篷马车里还住着小矮人！每年总有几天，即使不准去河对岸，我们小孩也知道罗姆人就在那儿驻扎。那儿应有尽有——有篷马车、旋转木马、各种小摊、旋转飞船，而且这些飞船都是真正的小船，每当鼓风琴响起时，小船就在犹如大海一样蔚蓝的水里转啊转。

后来我到了英国念书，在集市上看见过一个驯跳蚤师。那些跳蚤被细线拴着，爬来爬去。他还摆了一个牌子，上面写着：收购优质跳蚤，多多益善。一只活蹦乱跳的跳蚤足足能换一便士呢。这个赚钱的大好时机让我足足高兴了好几个小时。可是到哪里去找跳蚤呢？它们是不是合适的品种呢？会不会像非洲大象一样难以驯服呢？最重要的是，怎样长途运输这些跳蚤呢？要知道我常年被关在寄宿学校里，那儿可不适合养跳蚤，更何况还要把跳蚤毫发无损地送到这个行走江湖的买家手上！

[1] 此处指凡·高1888年创作的《吉卜赛人篷车的扎营》，注意“吉卜赛人”现一般译作罗姆人。

左图和对页图：一个美国朋友梦想着成为童书作家，他作诗，我配图。但是，这本诗集一直未发表。

此外，我还有一段颇为有趣的经历。有一次，有人邀请我创作一本会动的书。它的制作与传统图画书截然不同。项目还配备一个“纸页工程师”，专门负责构思各种机关。这些书都在中国或者哥伦比亚制作，当地廉价的劳动力大大降低了成本。在项目开展之前，制作人要确保有上万册的订单。有一天，他找上门来，邀请我构思剧情，负责插图。没多久，我的作品就得到了他们的首肯。

这是一出纸上木偶剧，我当时想采用吉尼奥尔木偶剧[1]粗犷、简单的风格。一般来说，动态书只能获得一种粗糙的动感，这让我联想到木偶剧里波奇尼拉或甘福[2]的棒击动作。事不宜迟，我立即动笔，模仿我最喜欢的喜剧作家卡米[3]的风格：剧情短促简洁，节奏快马加鞭。剧中人物的塑造也是粗线条的，名字和性格都被归纳得一清二楚，比如“柜子里的骷髅”“又瘦又饿的大灰狼”“可怕的巫婆”等。剧情通过对话来推进，情节单刀直入，绝

[1] 吉尼奥尔（Guignol）是著名的法国木偶剧及其主要角色的名称，创始于18世纪末。创始人是牙医罗兰·慕凯（Laurent Mourguet，1769—1844），当时他为了吸引病人，开始在椅子前表演木偶剧。吉尼奥尔的形象一般是善良、聪明、勇敢的，总能战胜邪恶，迎来美好。

[2] 在故事里，甘福（Gnafron）是吉尼奥尔的伙伴，是一位爱喝酒的鞋匠，通常拿着酒杯和餐巾出现在舞台上。

[3] 皮埃尔·亨利·卡米（Pierre Henri Cami，1884—1958）是法国幽默文学作家，以创作喜剧闻名，1953年获得国际幽默大奖。代表作有《克拉克男爵的风流韵事》《疯狂的福尔摩斯：白痴侦探历险记》。

不拖泥带水。在此之前，我从来没有尝试过类似的写作。写着写着，我感觉自己渐入佳境，有点儿欲罢不能了。想到其中某些情节，我至今还会笑出声来。要知道，这种现象在我身上实属罕见。通常，相比画画时的游刃有余，我在文字写作上总是举步维艰。

眼看着《小女巫贝达丽娜学习记》（*Pondarinette*）的制作接近尾声，这个关头却出现了意外：应美国客户的要求，我做了一些必要的让步。但只有一项，我坚决不同意修改。幸运的是，美方最后选择尊重我的意见。事情是这样的：最初，美方提出，凡是一幅图中出现的元素，不但要一个不落地出现在下一幅图中，而且还得处于同一位置。这么一来，画面将被窗户、橱柜等乱七八糟的东西塞得满满当当。人物不要说抬抬手、踢踢腿，光是出现在画面中都有困难。我花了九牛二虎之力才说服制作人，书里的黑色背景正是为了表达“空”的意蕴，正是它提供了必要的空间，让角色或物件适时地出现或隐藏。

所有的图画都汇集到了制作人手上，于是我觉得要大功告成。不料，问题又来了，这次是墨西哥跳豆[1]。根据剧情，如果要把一头狼变成一只老鼠，得一边念咒语，一边让它吃白糖拌跳豆。在法国和其他一些国家，这是可以

[1] 墨西哥跳豆（Pois sauteurs du Mexique）是一类矮灌木的果实。春天时，跳豆飞蛾把虫卵产在豆种里，孵化出来的幼虫会钻进荚膜，吃光果实，在豆荚膜里蠕动翻滚，造成豆子在跳动的错觉。

接受的，但在美国就不一样了。他们认为，小孩有可能模仿狼吞跳豆的情节，导致幼儿噎食。出版人为此要冒很大的风险。

起初，我并不介意用其他东西代替跳豆，更何况跳豆只在文字部分出现，插图里并没有这个意象。因此，我寻思着只需要在英语版本，更确切地说是美国版本里，把“跳豆”改为“豆子”。没想到，对方断然拒绝了这个提议，理由是既然我写了“豆子”，美国孩子就会信以为真，认为这就是“豆子”。好像一到美国，我的故事就有了耶和华神谕立竿见影的效力：“要有光，就有了光！”于是，美方建议我修改情节，把豆子换成棕色的豆粉，再画一个装豆粉的碗。这次，轮到我断然拒绝了。双方互不让步，拉锯战花了我不少的越洋电话费。最后，他们给我发出通牒：如果我固执己见，出版之日将遥遥无期。我只好妥协，给美方寄了画有小碗的图，让他们可以直接贴在画版上。这个碗不透明，但读者可以想象棕色的豆粉就在碗底。我心想，这样一来，所有人总算都安全了。最后他们保留了碗的图像，但把碗里的东西换成了一块方糖！我怀疑这块方糖的魔力：它是否和豆子一样，能够变法术呢？只有试了才知道。

对页图：艾姿碧塔绘制。

右图：《小女巫贝达丽娜学习记》的主人公，他们都是巫术见习生。

KOHLER-DIETZ
MULHOUSE
PHOTOGRAPHE

对页图： 叔祖父初领圣体。他旁边的两个女孩，一个将成为我的祖母，而另一个将成为我的叔祖母。后者一头金发，颇有些小女巫的气质。

La fée au renard

穿着狐皮大衣的仙女

这张相片记录了我们家族的神圣时刻，从穿着来判断[1]，这是叔祖父埃德蒙初领圣体时拍摄的。他旁边的两个小女孩，一个是我的阿尔萨斯祖母，另一个是我的叔祖母加布里埃，他们身后的布景带着小资的味道。相片摄于米卢斯的一家照相馆，它唯一的意义似乎是让作为后人的我，时至今日还能和他们眼神交流。时光荏苒，斯人已逝，甚至没有人记得他们的辞世之日。但他们的模样通过相片得以存真，清澈的眼神静静地打量着我。等待着他们的，是前程似锦吗？这张相片是他们来过这个世界的唯一证据。他们的眼神既不特别的好奇，也不带有什么成见。不过，再仔细一看，我的祖母不是面无表情的，她的眼神流露出淡淡的善意。就这样，我端详着这些素未谋面的脸庞，在冥冥之中，我和他们分享着某些本质的东西。虽然我说不出来它是什么，但是它却是我的生命时钟里必不可少的一环。

我想问他们一个看似荒诞的问题："为什么要长大呢？"为什么不听那个摄影师的话呢？虽然我不在现场，但我知道摄影师在把头伸进蒙在座机上的黑布之前，一定嘱咐过他们要一动不动："看这里，笑一个，注意不要再动了！"他们尽力遵照着指示，眼睛一眨也不眨，小心翼翼地呼吸，竭力保持不动（只要这张照片还保存着，不动的状态就会继续）。但是即便在这一刻，他们身体的每个细胞都在悄无声息地长大，走向成熟。

[1] 照片上小男孩戴着金穗臂章，这是初领圣体的标志。

我希望自己的祖先们，无论是在波兰还是在阿尔萨斯，都拥有一个永恒的童年。而我作为后来人，可以易如反掌地做算命人，因为他们的命运早已尘埃落定。更何况关于他们命运中的大事件，我是一清二楚的。看着这些老照片，我依然可以幻想着，他们拥有所有孩子都应该享有的幸福。但事实是，老照片上的那个小男孩后来成了我的父亲，那个穿白裙的小辣椒则成了我的母亲。这也是我收集的老照片里大多数孩子的人生轨迹。

我认为，成人的创造力来自童年，这种力量只有在成年和童年的通道保持通畅时，才会源源不断、生生不息。在成长的过程中，那些令人欣喜的事物一般都发生在青春期之前，也就是在意识到生活中的谎言、欺骗和妥协之前。然而我们注定会长大成人。

既然成长不可避免，只好既来之则安之。当然，这个过程最好是渐入佳境，虽然不如意事常十之八九。我们应该承认，所有人身上都保留着部分的童真，但很多人对此一无所知。如果我们试图掩盖这仅有的童真，它们会以一种更糟糕的方式表现出来。据我观察，某些孩子气的成年人有一种简单化

对页图（左）：父亲的童年照。他将成为女儿幻想的英雄。

对页图（右）：母亲的童年照。我对她还一无所知，但是似乎已经有什么事惹得她闷闷不乐了。

第 230—231 页图：《白天的太阳，夜晚的月亮》插图。

的逻辑。小孩也会用同样的逻辑来表达异想天开的想法："即使我现在不学乘法表，长大了也能当宇航员。"如此类推，即使不学五线谱也能成为音乐家，没有驾照也能开车。诸如此类的想法，无异于异想天开。

根据孩子气的简单化思维，凡是坏人都应该立马被严惩。一听到坏人被铲除，一切都被"拨乱反正"，我们就无比欣慰！我内心的孩子需要找到那个有罪之人，并要求绝对的公平，他可听不进任何宽恕之类的话。如果成人身上保存了这种即时严惩的欲望，它就有可能演化成过激行为。经典童话的结尾，巫婆穿着铁皮鞋，在燃烧的煤炭上跳舞，直到死去。的确，恶有恶报带给我们难以忘怀的抚慰。然而，长大意味着学会疏离，行动和判断变得更理性。儿童却不一样，他们有权通过童话来满足这种欲望。为什么这么说呢？我甚至觉得这是必不可少的。因为天理昭彰、报应不爽有助于培养孩子对世界的信任感。如果他们提前得知了全部的真相，信任感又从何而来呢？如果孩子知道了生活的真相，那该如何是好呢？被烧死的往往是无辜的人，恶魔（他们会在人生之路上遇到这种人）也不一定会罪有应得。他既不一定能得到白马王子的青睐，也不一定能挖到宝藏。

我记得一些明媚、宁静的午后，门铃响起，有人来了！

教母一边笑语盈盈地迎接来客，一边念叨着："瞧瞧谁来啦？是我们的